Cahiers libres

Des mêmes auteurs

La France peut se ressaisir, Economica, 2004.

Ouvrages de Patrick Artus

L'épargne (en coll.), PUF, Paris, 1993.
Théorie de la croissance et des fluctuations, PUF, Paris, 1993.
Théories du chômage, Economica, Paris, 1995.
Anomalies sur les marchés financiers, Economica, Paris, 1995.
Macroéconomie, Economica, Paris, 1995.
Fondements théoriques de la politique économique (en coll.), Economica, Paris, 1996.
Déficits publics, Economica, Paris, 1996.
L'économie des taux de change, Economica, 1997.
Le choix du système de retraites (en coll.), Economica, Paris, 1999.
Crise des pays émergents (en coll.), Economica, Paris, 2000.
L'euro et la Banque centrale : un premier bilan (en coll.), Economica, Paris, 2001.
La nouvelle économie, La Découverte, Paris, 2001.
Politique monétaire, Economica, Paris, 2001.
Macroéconomie, Economica, Paris, 2003.

Ouvrages de Marie-Paule Virard

Comment Mitterrand a découvert l'économie, Albin Michel, Paris, 1993.
Le Roman des grands patrons. Bernard Arnault, Vincent Bolloré, Martin Bouygues, Jean-Marie Messier, François Pinault, Flammarion, Paris, 2002.

Patrick Artus et Marie-Paule Virard

Le capitalisme est en train de s'autodétruire

La Découverte
9 *bis*, rue Abel-Hovelacque
75013 Paris

ISBN 2-7071-4701-X

Si vous désirez être tenu régulièrement informé de nos parutions, il vous suffit d'envoyer vos nom et adresse aux Éditions La Découverte, 9 *bis*, rue Abel-Hovelacque, 75013 Paris. Vous recevrez gratuitement notre bulletin trimestriel ***À La Découverte***. Vous pouvez également retrouver l'ensemble de notre catalogue et nous contacter sur notre site **www.editionsladecouverte.fr**.

Introduction

Le capitalisme est-il en train de s'autodétruire ? La question peut sembler pour le moins saugrenue, voire provocatrice au moment même où les grandes entreprises de la planète, à commencer par les entreprises françaises, affichent des profits très élevés et distribuent des dividendes records à leurs actionnaires, tandis que les salariés voient leur pouvoir d'achat se réduire dans un climat où l'inquiétude grandit, dominée par la multiplication des délocalisations, la permanence d'un niveau de chômage élevé et de la précarité sous toutes ses formes. Et comme plus la croissance est molle, plus les profits explosent, rien d'étonnant à ce que le débat sur la légitimité d'un tel « partage » des richesses monte en puissance. Pourtant, c'est au moment où le capitalisme n'a jamais été aussi prospère, aussi dominateur, qu'il apparaît le plus vulnérable, et nous avec lui...

D'abord, il s'agit d'un capitalisme sans projet, qui ne fait rien d'utile de ses milliards, qui n'investit guère, qui ne prépare pas assez l'avenir. L'argent coule à flots aujourd'hui dans l'économie mondiale, mais il n'est que trop rarement utilisé à bon escient, spécialement en Europe continentale, pour favoriser l'adaptation des économies, investir dans les ordinateurs, les usines, les infrastructures, la recherche et développement, et alimente plutôt la voracité des investisseurs, dans une course aux rendements financiers à court terme.

La schizophrénie s'installe. On n'a jamais autant parlé de développement durable, mais nous sommes de plus en plus prisonniers d'une vision « court-termiste » et financière de la « création de richesses », tandis que la mondialisation facilite ces dérives jusqu'à tenir lieu d'alibi à la gourmandise des investisseurs. Or, ces dérives mettent en péril, en réalité, le maintien de la croissance et de la rentabilité du capital dans le long terme, précipitant l'économie mondiale dans une impasse.

Nous avons voulu analyser ici les ressorts de cet engrenage. Comprendre pourquoi les marchés financiers sont plus que jamais obnubilés par les rendements à court terme. Pourquoi ils se détournent des projets de long terme au risque de provoquer de nouveaux accidents financiers et surtout de sacrifier – et de pousser les entreprises à sacrifier – l'avenir.

L'environnement financier de l'économie mondiale est désormais un environnement où l'horizon de programmation des investissements s'est raccourci avec, pour corollaire, une exigence de rentabilité du capital extrêmement forte. Dans l'installation d'une telle dérive, la mondialisation a joué et joue en quelque sorte le rôle

EXPLIQUER : naissance
Taux → 14 %

de « facilitateur ». À la faveur des délocalisations et de la perte de pouvoir de négociation des salariés dans les pays les plus avancés, des rendements élevés du capital peuvent être obtenus, mais c'est une illusion de croire que cela sera durablement possible.

Cette évolution est en effet totalement autodestructrice, puisque la philosophie de l'épargne, son essence même, est de préparer le long terme en garantissant le financement des retraites ou de la consommation dans la dernière partie de la vie. Le capitalisme est pourtant normalement conçu comme le système qui assure l'allocation la plus efficace des ressources rares, l'épargne en particulier. Or, l'obsession de la rentabilité à court terme pervertit totalement le système (et *in fine* apporte de l'eau au moulin de ses contempteurs...) : les entreprises ne sont plus incitées à imaginer et réaliser les projets qui créeraient de la croissance et de la rentabilité dans le long terme et les investisseurs se concentrent sur leurs décisions dans un horizon court et ne surpaient plus celles qui investissent sur le long terme, bien au contraire. Or, cette logique court-termiste à rentabilité élevée porte en elle-même sa propre fin, puisqu'elle suppose de sacrifier l'avenir. Notre propos n'est donc pas de condamner le capitalisme, mais de tirer la sonnette d'alarme.

Dans l'opinion, d'ailleurs, le malaise est profond. Chacun, dirigeant ou simple citoyen, pressent qu'il faut réagir. Comment faire pour que les profits des entreprises servent la cause de la prospérité collective, de la croissance et de l'emploi ? Pressé par le débat qui enfle et par l'approche de l'échéance présidentielle, le gouvernement français tente de traiter les symptômes, notamment en encourageant un meilleur partage de la production de richesses avec l'augmentation du pouvoir d'achat. De même, en France mais aussi aux États-Unis et un peu partout dans le monde, on prend des mesures pour améliorer la qualité de la gouvernance financière, la transparence, et éviter que ne se reproduisent les catastrophes financières vécues au moment de l'explosion de la bulle Internet (Enron, Worldcom...). Bien entendu, tout cela est utile, mais reste à portée limitée. Car, comme nous le montrerons, on ne traite pas vraiment la cause profonde du mal : cette juxtaposition du raccourcissement des horizons et de l'augmentation de la gourmandise des investisseurs professionnels.

Voilà pourquoi il est urgent de réformer en profondeur la gestion de l'épargne, d'établir de nouvelles règles de gouvernance. Celles-ci doivent imposer aux acteurs de revenir à des exigences de rentabilité compatibles avec la raison économique, de différencier leurs objectifs de rentabilité en fonction de leur horizon d'investissement. Elles doivent aussi permettre aux entreprises de refaire des investissements « normaux » et de renouer avec des projets de développement à long terme. Cela suppose, entre autres, un changement radical par rapport aux évolutions récentes de la réglementation. Mais aussi que chacun des acteurs – épargnants, investisseurs, dirigeants d'entreprise, régulateurs... – soit conscient des risques induits par la dérive actuelle et assume ses responsabilités.

La seule manière de pérenniser l'économie mondiale, en ce début de siècle, c'est d'impliquer les détenteurs de l'épargne dans la supervision des décisions à long terme des emprunteurs et des entreprises, comme dans celle des intermédiaires financiers auxquels ils délèguent la gestion de l'épargne dans un objectif long. Faute de quoi l'économie mondiale s'exposera soit à une nouvelle crise financière lorsque les risques cachés qui permettent les rendements élevés éclateront au grand jour, soit au déclin tendanciel de la rentabilité des entreprises et de la croissance si les investissements qui produisent de la productivité à long terme ne sont plus réalisés. Si le capitalisme est menacé, c'est d'abord, et comme toujours, par ses propres excès.

1

La mondialisation, une usine à profits

Véronique Picard n'imaginait pas qu'elle aurait un jour les honneurs de la une d'un grand quotidien américain – l'*International Herald Tribune* du 11 avril 2005 en l'occurrence. Mais lorsque le journaliste lui a proposé de témoigner sur ses conditions de travail, la caissière de Carrefour a accepté de raconter son histoire et même de poser pour le photographe devant le magasin de Château-Thierry, là où elle vient travailler chaque jour depuis bientôt douze ans. Si la syndicaliste au sourire timide a accepté de se livrer ainsi, c'est pour exprimer un sentiment partagé par des millions de salariés français : un sentiment de frustration et d'injustice face à l'effritement de son pouvoir d'achat.

La caissière et le P-DG, ou le capitalisme qui marche sur la tête

La goutte d'eau ? Peut-être ce petit 1,79 % d'augmentation reçu – comme l'ensemble des employés de Carrefour – en 2004. Autrement dit, moins que l'inflation. Avec quelque 800 euros net par mois, Véronique confie au journaliste du *Herald* qu'elle n'a même plus les moyens de faire ses courses chez son employeur… « Nous faisons le boulot, mais ce sont les actionnaires qui récoltent les bénéfices. » La phrase revient, telle une antienne, sur la plupart des terrains de conflits sociaux en cette année 2005.

La conviction de Véronique Picard ne pouvait qu'être confortée par l'annonce, lors de l'assemblée générale des actionnaires de Carrefour le 20 avril 2005 à Paris, de la distribution d'un dividende par action de 0,94 euro, en hausse de… 27 % par rapport à l'année précédente. Carrefour n'allait pas si bien que cela, disait-on, mais tout de même assez bien pour « augmenter » de 27 % ses actionnaires. Sans même parler de cette information qui fit l'effet d'une petite bombe, et pas seulement chez Carrefour, sur les conditions de départ de l'ancien P-DG du groupe, Daniel Bernard. Remercié quelques semaines plus tôt pour résultats insuffisants, on apprenait à l'occasion de l'assemblée générale que l'ancien P-DG n'en avait pas moins été gratifié – en contrepartie d'une clause de non-concurrence… – d'une indemnité de départ de trois années de salaire, avec paiement échelonné sur quatre ans (au total, 9,39 millions d'euros dont 4,9 payés en 2005), assortie d'une retraite supplémentaire (dite « retraite chapeau ») qui lui garantit à vie 40 % de son dernier salaire et pour laquelle l'entreprise a provisionné 29 millions d'euros dans ses comptes...

Une générosité perçue par beaucoup, et pas seulement par les quelque 430 000 salariés de Carrefour dans le monde, comme injustifiée et finalement choquante. Tellement choquante que Luc Vandevelde, le nouveau patron de Carrefour, s'est empressé de faire savoir qu'il n'était pas favorable à ce genre de pratique et que, « dès son arrivée, il avait souhaité que le groupe mette fin à ce système de retraite pour les nouveaux dirigeants du groupe ». Avant de dévoiler ses propres conditions de rémunération : un salaire de 600 000 euros plus 150 000 euros de jetons de présence, mais ni stock-options, ni bonus, ni prime de départ ou d'arrivée, ni... retraite chapeau. Il fallait vraiment que la pression médiatique soit forte : Luc Vandevelde n'avait pas dans le passé une réputation d'ascétisme en matière de rémunérations.

En cette année 2005, cette sorte de face-à-face improbable entre la caissière et le P-DG fait figure de symbole. Celui d'un capitalisme qui marche sur la tête. L'exaspération doit beaucoup à l'effet produit par la publication en rafale des profits records réalisés par les grandes entreprises et accessoirement par la révélation des rémunérations, non moins records, des grands dirigeants de celles du CAC 40 (l'indice boursier moyen des quarante plus grandes entreprises cotées à la Bourse de Paris). En France, le revenu disponible brut des ménages a augmenté en moyenne de 1,7 % en 2004, soit une progression pratiquement identique à celle du salaire de Véronique Picard et de ses collègues de Carrefour. Quant au marché du travail, il ne cesse de se détériorer. Non seulement le taux de chômage a franchi à nouveau en 2005 la barre des 10 %

de la population active (avant de redescendre à 9,9 % en juillet 2005), un niveau inconnu depuis cinq ans, mais, toutes les études le montrent, les emplois peu qualifiés et de plus en plus précaires prolifèrent.

Le contraste est saisissant. En 2004, les sociétés du CAC 40 ont engrangé un bénéfice net global d'un peu plus de 60 milliards d'euros, en augmentation de 55 % par rapport à l'année précédente. Avec 9,04 milliards d'euros (+ 23 %), le pétrolier Total affiche le résultat net « ajusté » le plus élevé de son histoire. Devant Sanofi-Synthelabo (5,25 milliards) et BNP-Paribas (4,67). Globalement, les quarante auront redistribué au titre de cette année quelque 25 milliards d'euros en dividendes. Avec 3,3 milliards, Total est à + 27 % par rapport à 2003. BNP-Paribas a de son côté réparti 1,77 milliard, en progression de 38 %. La compagnie d'assurance Axa a crevé pour la première fois le plafond du milliard d'euros de dividendes distribués (1,16 milliard exactement), en augmentation de 61 % sur 2003, tant « les résultats ont été franchement très bons », pour reprendre les mots d'Henri de Castries, le président du directoire.

Les mêmes n'ont pas davantage lésiné sur les rachats d'actions. Ces opérations purement financières destinées elles aussi, en dopant opportunément le cours de Bourse, à ne pas désespérer les actionnaires, petits et grands... Total a ainsi racheté pour près de 3,5 milliards d'euros d'actions en 2004, soit 3,4 % de son capital, l'équivalent de 38 % de ses bénéfices et un montant considérable comparé au plan d'investissement 2004-2008 qui prévoit des investissements de 7 à 8 milliards par an. Pour BNP-Paribas, ces rachats représentent près de 1,6 milliard, là encore l'équivalent d'un gros tiers de ses profits. Bref, les marchés fonctionnent à l'envers : les entreprises redonnent plus à leurs actionnaires – en moyenne, un peu plus du tiers de leurs bénéfices rien qu'en dividendes, avec en tête Accor et Suez qui en versent plus de 60 % – qu'elles ne lèvent de capitaux. Du jamais vu.

Si les grands groupes chouchoutent particulièrement leurs actionnaires, ils n'oublient pas non plus leurs dirigeants. Après le « rattrapage » des années précédentes, la progression des rémunérations des patrons du CAC 40 a certes ralenti en 2004. Mais avec une rémunération annuelle brute moyenne de 2,2 millions d'euros, ces dirigeants ont tout de même bénéficié d'une augmentation de 9,8 % (+ 14 % en 2003), soit sensiblement mieux que les 1,79 % de Véronique Picard ! Et les mieux lotis ont même fait exploser les compteurs, plus discrètement que Daniel Bernard. Certains, il est vrai, pouvaient tout de même se vanter d'avoir créé des richesses et de l'emploi !

Un grand classique désormais, Lindsay Owen-Jones, le P-DG de L'Oréal monte comme les années précédentes la première marche du podium : il a reçu exactement 6,596 millions d'euros au titre de 2004 (sans compter les attributions de stock-options). Mais il n'est pas cette année, et de loin, le champion de la progression. Sa rémunération a même pratiquement stagné par rapport à celle de 2003. Une petite baisse de régime pour l'habitué des sommets en matière de rémunération. Ils sont, en revanche, une douzaine de P-DG du CAC 40 à avoir profité d'une augmentation supérieure à 20 %. La palme de la progression est revenue à Jean-Philippe Thierry, P-DG des AGF (+ 80,3 %), devant Guy Dolle, d'Arcelor (+ 61,4 %), qui, il est vrai, avec respectivement 1,56 et 1,26 million d'euros, se situaient plutôt dans les profondeurs du classement : un écart par rapport aux stars du CAC 40, qui « méritait » bien apparemment un petit rattrapage... En fait, le plus beau « coup » est à mettre au crédit de Jean-René Fourtou, le « sauveur » de Vivendi, qui a vu sa rémunération augmenter en 2004 de 52,9 % (à 3,45 millions d'euros), assortie d'une copieuse attribution de stock-options...

D'une manière générale, les entreprises du CAC 40 ont profité du dernier exercice avant l'application des nouvelles normes comptables internationales, dites IFRS, pour distribuer des plans de stock-options à leurs dirigeants. Les trois quarts des entreprises membres du CAC leur ont attribué en 2004 des options de souscription ou d'achat d'actions. Avec son million d'options reçues pour le seul exercice 2004, Lindsay Owen Jones « compense » donc largement la petite déconvenue sur son salaire... Et avec respectivement 850 000 et 800 000 options, Henri de Castries, P-DG d'Axa, et Jean-René Fourtou (qui n'exerce plus de responsabilités opérationnelles depuis mai 2005) chez Vivendi ne sont pas malheureux non plus... Grâce au rebond boursier, les titulaires d'options ont vu leurs plus-values potentielles gagner 29 % en un an (à 5,6 milliards d'euros en mai 2005).

Quant aux « retraites chapeaux », celle de Daniel Bernard est loin d'être un cas isolé. L'onde de choc Bernard fut telle que Jean-René Fourtou s'est empressé d'annoncer qu'il renonçait à sa retraite chapeau d'ancien P-DG de Vivendi. Un « sacrifice » qui devrait être supportable pour le successeur de Jean-Marie Messier, puisqu'il perçoit déjà une retraite de... 1,6 million d'euros par an au titre d'ancien président d'Aventis !

Tout va bien donc pour les futurs anciens P-DG de la plupart des firmes du CAC 40. Et bien souvent encore dans la plus grande opacité. Seule « avancée » prévue dans la « loi pour la confiance et la modernisation de l'économie » adoptée le 26 juillet 2005, les rémunérations exceptionnelles des dirigeants d'entreprise (indemnités de départ ou compléments de retraite), à l'exception des *golden hello* (les « primes d'arrivée »), devront être soumises préalablement au conseil d'administration et approuvées en assemblée générale des actionnaires. Le dispositif a en outre été complété par un amendement de la commission des lois de l'Assemblée nationale qui prévoit que, dans les entreprises cotées en Bourse, les rémunérations perçues par les mandataires sociaux devront figurer dans le rapport annuel transmis à l'assemblée générale des actionnaires.

Plus la croissance est molle, plus les profits explosent

Un naïf tombé de Mars ou de Vénus observerait donc aujourd'hui en France une situation plutôt paradoxale : comme si plus cela allait mal pour la croissance, le pouvoir d'achat et l'emploi, plus les entreprises, elles, voyaient leurs profits exploser. Un constat *a priori* intrigant que l'on peut généraliser, avec quelques nuances (nous y reviendrons), à l'ensemble des pays de l'OCDE.

Au sein du G7 – réunissant les sept pays les plus riches du monde –, la part des profits dans le revenu national n'a en effet jamais été aussi élevée depuis les deux chocs pétroliers des années 1970 : ils représentaient 14 % du PIB (produit intérieur brut) en 2004, contre 10 % seulement au début des années 1980. Aux États-Unis, notamment, la part des profits après impôts dans la richesse nationale est à son zénith depuis le krach de 1929. Les profits des entreprises qui composent l'indice boursier américain Standard & Poor's 500 ont affiché un bond de quelque 20 % en 2004, après une progression du même ordre en 2003. Ceux des firmes du Standard & Poor's Europe 350 ont augmenté de 78 % en 2004 et les prévisions pariaient sur une nouvelle progression de 30 % en 2005.

A priori, rien d'étonnant à cela : dans les périodes qui suivent une crise comme celle due à l'éclatement de la « bulle Internet » en 2000, la part des profits augmente toujours fortement. Par rapport aux précédentes phases de reprise, le mouvement est toutefois d'une ampleur inégalée depuis 1945. Et il se traduit par un « partage » entre profits et salaires de plus en plus déséquilibré. Tandis que les profits des entreprises prennent l'ascenseur, les rémunérations des salariés empruntent l'escalier... dans le meilleur des cas !

Depuis la fin du siècle dernier, dans les pays industrialisés, on observe en effet qu'après avoir largement dépassé les 70 % à la fin de la décennie 1970, la part des salaires et autres rémunérations dans la valeur ajoutée n'a depuis cessé de décroître. Le rythme du mouvement s'est même accéléré au cours de la dernière décennie, pour atteindre un étiage inférieur à 65 % depuis le début du XXIe siècle, selon les dernières statistiques de l'OCDE. Et la part des profits a emprunté le chemin inverse, grimpant de 30 % à près de 40 %. Mais, cette fois, il ne s'agit pas seulement d'un effet de cycle. Des tendances de fond sont à l'œuvre.

À l'origine de cette accélération, la mondialisation, c'est-à-dire l'ouverture aux échanges commerciaux et aux flux de capitaux avec les pays dits « émergents » (principalement ceux d'Asie et d'Europe de l'Est), associée à l'essor des nouvelles technologies de l'information. Celle-ci se révèle en effet une formidable machine à fabriquer des profits, énormément de profits, pour les grandes entreprises des pays développés. Et cela à travers deux phénomènes distincts : d'une part, les délocalisations, qui diminuent les coûts unitaires de production ; d'autre part – et surtout – la déformation du partage des revenus dans le pays d'origine des entreprises, en raison de l'affaiblissement du pouvoir de négociations des salariés. Autrement dit, c'est aussi une formidable machine à comprimer les salaires.

Délocalisations... Le (gros) mot est lâché. C'est la nouvelle grande peur des pays riches, alimentée par la montée en puissance économique des pays émergents, en particulier de la Chine et de l'Inde. Mais aussi, plus près de nous, des pays d'Europe centrale et orientale (les « PECO » dans le jargon des économistes). Au sens strict, une délocalisation, c'est le transfert d'une activité d'un pays à un autre : on ferme une usine en France, on en ouvre une en Chine qui fabriquera les mêmes produits, destinés pour une part à être réimportés en France. Dans un sens plus large, c'est aussi le transfert de tout ou partie de ses activités productives dans un pays émergent à bas salaire, *via* la création d'une filiale ou le recours à un sous-traitant ; la création d'une activité à l'étranger sans réduction de l'activité en France mais pour répondre, par exemple, aux exigences d'un client et réduire des coûts qui ne pourraient l'être dans l'Hexagone. Voire le recours, pour une entreprise commerciale, à un fournisseur non plus situé en France, mais dans un pays émergent.

Dans tous les cas, le processus de délocalisation va soutenir la « profitabilité » de l'entreprise, puisque sa première raison d'être est de tirer à la baisse les coûts unitaires de production. Car il s'agit pratiquement toujours de délocaliser vers des pays à coût salarial unitaire faible. Sept firmes européennes sur dix délocalisent pour approcher les marchés émergents, bien sûr, mais aussi pour abaisser le coût de leur main-d'œuvre : cette baisse représente en moyenne 30 %, selon une étude du cabinet Roland Berger [1]. Parfois beaucoup plus. L'écart est en effet, tout le monde le sait désormais, considérable. Quand le coût d'une heure de main-d'œuvre dans l'industrie manufacturière atteint en moyenne 24 dollars en Allemagne (record mondial), 21 aux États-Unis, 19 au Japon et environ 17 en France, il n'est que de 5 dollars environ en Pologne ou en République tchèque et surtout de 0,6 dollar en Chine, soit approximativement trente fois moins qu'en France et quarante fois moins qu'outre-Rhin !

L'impact des délocalisations

Grâce, entre autres, à ces niveaux de salaire, le coût salarial unitaire pour une firme occidentale qui se délocalise est finalement de 50 % (dans les PECO) à 85 % (en Chine) moins cher dans les pays émergents qu'en Allemagne, le pays le plus cher des grands pays industrialisés.

---

1 *La délocalisation des services prend son essor en Europe*, étude menée conjointement par la CNUCED et Roland Berger Strategy Consultants, auprès d'un échantillon représentatif de cinq cents grandes sociétés européennes, juin 2004.

Tentant... Assez tentant en tout cas pour expliquer l'ampleur d'un mouvement difficile toutefois à mesurer avec précision sur le plan macroéconomique – et notamment en termes de destructions d'emplois –, car les investissements directs, pourtant importants, n'en représentent qu'une faible partie : une entreprise française peut fort bien, sans investir directement, faire appel à des sous-traitants dans les pays émergents ou licencier parce que certains de ses clients s'approvisionnent désormais dans un pays émergent à bas salaires.

C'est la raison pour laquelle les conclusions des nombreuses études menées sur le sujet peuvent être sensiblement différentes. Celle publiée par l'INSEE en 2005, par exemple, estime assez limité l'impact sur l'emploi des délocalisations au sens strict, c'est-à-dire les cas où une firme française réduit ses emplois tout en remplaçant sa production locale par des importations [2]. Elle identifie ainsi 13 500 pertes d'emplois par an, dont 6 500 au profit des pays à bas salaires, soit 40 000 emplois sur la période considérée par les auteurs (1995-2001), antérieure cependant à la grande vague des délocalisations industrielles. Mais ce chiffre n'inclut pas les délocalisations au sens large.

D'autres études utilisent la méthode du « contenu en emploi » du commerce extérieur et évaluent entre 300 000 et 500 000 le nombre des pertes d'emplois dues à la croissance des importations de produits à faible prix en provenance des pays émergents à bas salaires depuis la fin des années 1980. Mais elles ne tiennent pas compte pour

2 Patrick Aubert et Patrick Sillard, *Délocalisation et réductions d'effectifs dans l'industrie française*, INSEE, Paris, 2005.

autant des gains de pouvoir d'achat induits par les baisses de prix de ces biens – qui peuvent favoriser l'emploi en augmentant la consommation de certains services produits en France et peu « délocalisables »...

Quoi qu'il en soit, la croissance de la production industrielle dans les différentes régions du monde comme celle de leur part respective dans le commerce mondial donnent une bonne indication de la tendance : de 1994 à 2004, la production industrielle a progressé de 10 % au Japon, 25 % en zone euro, 40 % aux États-Unis, mais de 80 % dans les PECO et les pays d'Asie autres que la Chine, et de 300 % en Chine. Quant à la part des pays émergents dans le commerce mondial, elle est passée de 20 % à 30 % sur la période (de 30 % à 45 % des importations des pays développés).

Ce mouvement continu, et qui s'est accéléré depuis 2003, on l'observe chaque jour sur le terrain, dans de nombreux secteurs d'activité. La firme Vishay (composants électroniques) a ainsi choisi en 2004 d'abandonner Colmar pour regrouper le montage de ses diodes en Chine et en Hongrie. Entre 2003 et 2005, StMicroelectronics, Thomson Genlis, Sediver, Sony, tous dans l'électronique, Facom (outillage), MIC (mécanique) ont mené à bien des projets en Asie qui ont coûté à chaque fois plusieurs centaines d'emplois en France. Dans l'équipement automobile, Valeo, Annoflex, Snappon et autres TRW ont plutôt choisi l'Europe de l'Est. Et ce ne sont là que quelques exemples parmi d'autres.

En outre, le mouvement a gagné des activités auxquelles on ne pensait même pas dix ans plus tôt, notamment dans les services : programmation informatique, bien sûr, mais aussi plates-formes téléphoniques, prestations de conseil en tous genres (juridique, fiscal, comptable), sans oublier l'analyse et l'information financière. L'agence d'information britannique Reuters a ainsi délocalisé en 2005 certains de ses services en Inde et à Singapour. Désormais, une quarantaine de journalistes indiens traitent depuis Bengalore l'information issue des rapports annuels des petites sociétés américaines ; les desks photos ont été regroupés à Singapour, tandis que le service des graphiques pour l'Amérique latine migrait de Miami vers l'Amérique latine... Chez Reuters, ces délocalisations de services entrent dans le cadre d'un plan triennal d'économies (2003-2006) censé représenter quelque 800 millions de dollars.

La pression à la baisse sur les salaires est contagieuse

Pour les entreprises produisant des biens et services dont le prix de revient est fortement dépendant du coût de la main-d'œuvre, il est clair que la délocalisation, quand elle est techniquement et commercialement possible, favorise directement l'augmentation des profits. Mais le phénomène peut être tout aussi efficace pour les entreprises qui « menacent » simplement de délocaliser, comme pour celles, plus nombreuses encore, pour lesquelles cela est en pratique impossible et dont les responsables savent utiliser le « chantage à l'emploi » justifié par la mondialisation pour faire pression sur les salaires. En dehors des multinationales dont la prospérité repose principalement sur la rente des matières premières (comme les firmes pétrolières), c'est le cas de nombreuses entreprises, dans la banque, les assurances ou l'industrie pharmaceutique, qui caracolent en tête du CAC 40.

Car, progressivement, un mécanisme plus insidieux s'est également mis en place : à partir du moment où l'on trouve tout ou presque de l'autre côté de la planète, les salariés des pays riches redoutent de plus en plus de perdre leur emploi et sont de plus en plus sous pression... salariale. Cela contribue à renforcer la déformation du partage profits/salaires en affaiblissant leur pouvoir de négociation. La peur du chômage mine la combativité. Une menace, voire un simple risque de délocalisation suffit à placer les représentants des salariés sur la défensive.

Une réalité dont les 820 salariés du site Bosch de Vénissieux, dans la banlieue lyonnaise, ont par exemple fait l'expérience au printemps 2004, lorsqu'ils ont été invités à se prononcer sur un projet baptisé « Avenir Vénissieux » négocié entre la direction et les syndicats CFE-CGC et CFDT. De quoi s'agissait-il ? Pour résumer, les deux syndicats majoritaires, conscients que l'usine qui fabriquait des composants pour moteur Diesel bientôt obsolètes était menacée à plus ou moins brève échéance, ont accepté de négocier avec la direction de Bosch un passage de 35 à 36 heures hebdomadaires sans compensation de salaire (*via* la suppression de six jours de RTT sur vingt), assorti de trois années de modération salariale : cela en échange de l'engagement de la direction du groupe allemand d'un investissement de 12 millions d'euros sur le site de Vénissieux, dans une ligne de montage d'une nouvelle pompe à injection Diesel initialement prévue en République tchèque... L'accord, finalement ratifié par les salariés, a consacré une réduction de 12 % des coûts salariaux horaires et permis de sauver deux cents emplois...

Cet accord en annonçait d'autres. En France comme ailleurs en Europe et dans le monde... En Allemagne, Siemens a donné le ton en commençant par demander aux 4 500 salariés de ses usines de téléphone de Rhénanie du Nord-Westphalie de revenir purement et simplement aux 40 heures (au lieu de 35) sous la menace d'une délocalisation de la production en Hongrie. Le géant des télécoms a ensuite récidivé en imposant le même genre d'accord aux 12 000 salariés travaillant dans ses activités de services mais pour le compte de sociétés déjà « externalisées » : en l'espèce, une augmentation des heures travaillées en échange d'une réintégration au sein du groupe. Et depuis le 1er avril 2005, 8 000 collaborateurs supplémentaires travaillant eux aussi dans les services ont ajouté deux heures de plus à leur semaine, soit 37 heures en moyenne. Quant aux primes fixes de Noël et des vacances, elles ont été remplacées par des primes variables en fonction des résultats. En contrepartie, Siemens s'est engagé à ne pas tailler dans les effectifs, à ne pas fermer ni délocaliser d'unité de production avant le 30 septembre 2009. Une augmentation du temps de travail sans contrepartie salariale et parfois même avec diminution du pouvoir d'achat en échange d'une garantie de l'emploi, approuvée elle aussi par le puissant syndicat IG Metall.

Le débat sur ce que Franz Müntefering, le président du SPD, appelle les « dérives du capitalisme » (il n'a pas hésité à comparer « certains fonds d'investissement anglo-saxons à des nuées de sauterelles qui attaquent les entreprises allemandes ») a pris encore une nouvelle ampleur outre-Rhin lorsqu'en mai 2005 le constructeur germano-américain Daimler-Chrysler a laissé filtrer sa dernière idée : produire des véhicules en Chine, non pas pour le marché chinois, comme c'est le cas actuellement, mais pour les exporter vers l'Amérique du Nord, États-Unis et Canada... Face à l'afflux des réactions suscitées par un tel projet, le siège de Daimler-Chrysler à Stuttgart s'est empressé de minimiser la portée de cette hypothèse en évoquant une « réflexion à très long terme ». Mais le débat était lancé. Et certains analystes ne cachaient pas qu'à leurs yeux l'annonce avait entre autres pour objectif de faire pression sur le syndicat UAW des salariés américains de l'automobile et de favoriser une négociation sur la prise en charge de l'assurance maladie et des retraites qui pèse actuellement d'un poids considérable dans les comptes des constructeurs. La controverse se poursuit en Allemagne, car le pays – qui a inventé il y a soixante ans le modèle d'une « économie sociale de marché » – est touché en plein cœur.

Une chose est sûre : la pression à la baisse du pouvoir d'achat semble irrésistible. Et contagieuse. Même dans les secteurs où les emplois ne peuvent être délocalisés, on constate une tendance à l'écrasement de l'échelle des salaires, en particulier pour les emplois peu ou pas qualifiés. Reprenons l'exemple de Véronique Picard, la caissière de Carrefour. Certes, son travail ne pourrait pas être délocalisé demain à Varsovie ou à Shanghai. Mais la plupart des personnes en quête d'emploi peuvent du jour au lendemain prendre sa place. Dans un pays où il y a plus de 2,7 millions de chômeurs (au sens du BIT), autant de précaires et où de plus en plus de candidats au travail acceptent de se « déclasser » si nécessaire, la pression

– consciente ou inconsciente – est réelle. En réalité, le principal frein à l'augmentation du pouvoir d'achat, c'est... le chômage.

Une déformation durable du partage profits/salaires

Cette perte de pouvoir de négociation des salariés liée à la menace de délocalisations, aux pertes d'emplois industriels (– 15 % en dix ans aux États-Unis comme en Allemagne, – 7,5 % en France), à un niveau de chômage élevé (quelque 10 % de la population active de chaque côté du Rhin) trouve donc sa traduction sur le plan macroéconomique. Depuis le début de la décennie (et même dès les années 1990 au Japon), on a constaté aux États-Unis et en Allemagne, plus récemment en France, cette fameuse déformation du partage des revenus au détriment des salaires. Finalement, une moitié de la hausse des profits, selon nos études, provient de la déformation du partage des revenus en faveur du capital et au détriment du travail. L'autre moitié est le résultat de la baisse des coûts engendrée par la mondialisation.

Bien sûr, cette situation ne durera pas éternellement. À long terme, le phénomène de vieillissement dans les pays industrialisés contribuera à rétablir un équilibre en limitant l'offre de travail. Surtout, les coûts salariaux finiront par augmenter dans les pays émergents, tandis que les prix baisseront autant que les coûts unitaires dans les pays développés. Par ailleurs, les effets de la concurrence devraient finir par limiter les bénéfices de la délocalisation. La période de transition peut toutefois se révéler très longue. Surtout en Asie, où le processus de rattrapage des coûts salariaux ne s'amorcera significativement qu'à partir du moment où l'exode rural cessera d'alimenter les besoins des groupes industriels. En Chine, par exemple, le poids des campagnes est passé d'un peu plus de 70 % de la population totale en 1995 à environ 60 % dix ans plus tard. Le mouvement va se poursuivre. Mais à son rythme. Et les tensions sur le marché du travail ne sont pas pour demain.

D'ici là, l'effet de la mondialisation sur les profits – donc la déformation du partage – a toutes les chances de s'auto-entretenir : les pertes d'emplois dans nos pays pèsent sur la croissance, donc n'incitent pas les entreprises à procéder à des investissements de capacités mais plutôt à délocaliser encore davantage pour aller chercher les grands marchés de consommation là où ils se trouvent. Et continuer à doper leurs profits. Partout, donc, les montagnes de cash s'accumulent, mais on ne peut pas en dire autant des investissements. La déformation du partage des revenus ne conduit ni à un redressement de l'emploi, ni à une augmentation importante des investissements des entreprises. À 10 % environ du PIB en valeur, l'investissement des entreprises non financières est pratiquement stable depuis dix ans. Hors éléments exceptionnels (baisse du taux d'épargne des ménages en France de 16,8 % du revenu disponible en 2002 à 14,9 % en 2004 et incitations fiscales favorisant l'investissement logement), la demande des ménages est faible, parce que leurs revenus sont faibles. Et au-delà du problème d'équité que pose la déformation du partage – le compromis capital/travail qui marqua les Trente Glorieuses n'a pas résisté et l'une des grandes questions des années à venir sera certainement d'en négocier un nouveau –, celle-ci soulève aussi un problème d'efficacité économique. Le piège à croissance faible est en place. C'est ce que nous allons essayer de montrer maintenant.

2

Dans le piège à croissance faible

Commençons par un fait troublant : en Europe, les seuls pays qui vont bien sont ceux où le partage profits/salaires ne s'est pas déformé. Depuis la fin (et même parfois le milieu) des années 1990, trois économies européennes – Royaume-Uni, Suède, Espagne – affichent des taux de croissance sensiblement supérieurs à celui observé en moyenne dans l'Union européenne. Et il ne s'agit pas d'un phénomène purement conjoncturel, puisque la tendance s'est installée depuis dix ans (sauf une petite parenthèse en 2001 en ce qui concerne la Suède). Bien sûr, les causes d'un tel écart de croissance sont plurielles. Citons pêle-mêle le faible niveau des taux d'intérêt réels en Espagne, une bonne spécialisation productive et un effort soutenu de recherche et développement (R & D) en Suède, la flexibilité du marché du travail au Royaume-Uni et en Suède, ou encore le développement des emplois de service en Espagne…

Royaume-Uni, Suède, Espagne : les contre-exemples au cercle vicieux des faibles salaires

Mais ce qui frappe, c'est de constater que dans ces trois pays la bonne tenue de la croissance depuis une décennie s'explique avant tout par la vigueur des dépenses de consommation des ménages. Entre 1996 et 2004, celle-ci a progressé de quelque 16 % en zone euro, mais de 22 % en Suède, 32 % en Espagne et 35 % au Royaume-Uni. De même, l'investissement logement, pratiquement stable en volume en zone euro depuis dix ans, a augmenté de 40 % au Royaume-Uni et de quelque 60 % en Suède et en Espagne sur la période. C'est donc bien surtout la demande des ménages qui explique les différences de croissance (associée au commerce extérieur dans le cas de la Suède). Et celle-ci est au rendez-vous parce que, au Royaume-Uni comme en Suède, le salaire réel a en moyenne progressé avec la productivité. Quant à l'Espagne, la croissance de la masse salariale réelle vient des créations d'emplois dans des secteurs où le niveau de productivité est faible (construction, services aux particuliers, tourisme).

Trois pays, donc, où il n'y a pas eu déformation du partage au détriment des salaires. Où il n'y a pas eu non plus affaiblissement de la demande. La déformation du partage des revenus affaiblit en effet la demande intérieure dans les pays où la propension à dépenser les revenus du capital est faible, ce qui est le cas dans la plupart des pays européens : les Français, notamment, épargnent historiquement l'essentiel des revenus du capital. *A contrario*, la hausse du salaire réel par tête – avec une stabilité en moyenne du partage des revenus – soutient la demande, comme on le voit à travers l'exemple de ces pays. La déformation du partage participe donc bien du piège à croissance faible qui dans nos pays paralyse la croissance.

Pour bien comprendre les mécanismes qui sont à l'œuvre, il n'est pas inutile de revenir sur les principaux ressorts du cercle vicieux : en Europe, le besoin d'investissements de capacités est d'autant moins élevé que la demande intérieure est faible et forte la concurrence des pays émergents. Or, la demande intérieure n'est pas soutenue et, de 1996 à 2004, les importations en provenance des pays émergents sont passées de 24 % à 32 % des importations totales en zone euro et de 34 % à 37 % aux États-Unis. Dans le même temps, nos économies ont peu profité de la croissance rapide de ces pays pour exporter davantage. En raison notamment (à l'exception notable de l'Allemagne) d'une spécialisation productive peu adaptée à leurs besoins. Nous y reviendrons.

Dans la nouvelle géographie mondiale, les délocalisations et les pertes de parts de marché l'emportent donc sensiblement sur le supplément d'exportations. En zone euro comme d'ailleurs aux États-Unis, le taux d'utilisation des capacités est faible (77 % aux États-Unis, 81,5 % en zone euro). Les entreprises qui n'ont pas besoin de capacités de production supplémentaires sur leur territoire préfèrent les transférer dans les pays émergents où le coût des investissements (et de la main-d'œuvre) est plus faible.

C'est le cas, par exemple, dans l'industrie automobile. Dans les années 1990, les grands constructeurs d'Europe de l'Ouest ont racheté des marques locales (Skoda, Dacia) et implanté des usines un peu partout à l'Est. Entraînant les équipementiers dans leur sillage. C'est en Roumanie et en Russie (et en Iran) que Renault a décidé, par exemple, de produire ou du moins d'assembler sa Logan. Dernier investissement en date, une usine d'assemblage aux portes de Moscou a été inaugurée en avril 2005. Le constructeur français n'est pas le premier, loin s'en faut, à s'installer en Russie : il y rejoint Ford, General Motors, Nissan, Volkswagen ou Daimler-Chrysler, qui tous y ont développé des projets. Toyota serait sur le point de compléter le tableau en créant une unité de production à Saint-Pétersbourg pour y produire des Corolla et peut-être des 4 × 4.

En revanche, les entreprises des pays développés réalisent parallèlement, dans leurs pays d'origine, d'importants investissements de productivité : un effort nécessaire, estiment-elles, pour résister à la concurrence des pays émergents. Cela a comme effet naturel de soutenir les gains de productivité, ce que l'on constate depuis 2001 aux États-Unis, et depuis 2003 seulement en Allemagne et en France. En 2004, ces gains de productivité ont évolué autour de + 2 % pour le trio européen Allemagne, France et Royaume-Uni ; de + 4 % pour les États-Unis et le Japon (après une pointe à plus de 5 % dans ces deux pays en 2003).

Comme les gains de productivité sont élevés, il y a peu de créations d'emploi. Et comme la situation du marché du travail ne s'améliore que très lentement, pour ne pas dire pas du tout, les salaires augmentent peu. Dans les pays du G5, sauf encore une fois au Royaume-Uni, le salaire réel par tête a progressé nettement moins vite que la productivité : 2 % aux États-Unis et au Japon en 2004 (au prix du PIB, y compris cotisations sociales patronales),

1 % en France, et il a même légèrement baissé en Allemagne en 2004... Dans la période récente, les hausses de salaires sont relativement fortes aux États-Unis et au Royaume-Uni, plus faibles en France, très faibles en Allemagne et au Japon.

Les salaires augmentent d'autant moins que, comme on l'a vu, pour maintenir leur profitabilité dans un contexte concurrentiel élevé, les entreprises utilisent leur position de force sur le marché du travail afin de comprimer autant que possible les coûts salariaux. Le coût salarial unitaire progresse à peine dans la zone euro puisque ni l'emploi ni les salaires réels n'augmentent significativement. Les éléments du cercle vicieux se précisent : le revenu des ménages étant faible, la consommation l'est aussi, ce qui contribue à rendre inutiles les investissements de capacités...

L'équilibre ainsi mis en place (faible croissance, peu d'amélioration de la situation de l'emploi et du pouvoir d'achat, progression rapide des profits en dépit de la concurrence des pays émergents) peut fort bien être durable, car le système s'auto-entretient : la hausse des profits donne aux entreprises les moyens de continuer à faire progresser les gains de productivité ; la faiblesse de la demande intérieure pèse sur le pouvoir de négociation des salariés et rend inutiles les investissements de capacités. Globalement, il apparaît que, contrairement à ce qui s'était passé à l'occasion de précédentes crises, les entreprises dans la période récente n'en ont pas du tout subi le coût (voir encadré). Or, le problème posé par un tel équilibre saute aux yeux : il ne « fabrique » ni offre ni demande.

Qui supporte le poids des crises ?

■ Lorsque l'économie d'un pays est affectée par un recul de l'activité, par la hausse du prix des matières premières, la perte de revenu est théoriquement « partagée » entre les ménages, les entreprises et l'État. Et l'histoire récente montre que ce partage dépend du pouvoir de négociation des uns et des autres sur les différents marchés (biens, travail) et, bien sûr, des politiques économiques qui sont menées. Il est intéressant de revenir sur trois épisodes de crise récents (les chocs pétroliers suivis de la récession du début des années 1980, la crise du début des années 1990 et celle de la période récente) et de regarder comment, dans chaque cas, ce partage s'est opéré en France...

1. La crise des années 1970 et du début des années 1980. Cette période est marquée bien sûr par les conséquences directes et indirectes des hausses successives du prix du pétrole (celui-ci avait déjà à l'époque poussé une pointe à 60 dollars le baril de Brent). Dans le cas de la France, la disponibilité des séries statistiques ne permet d'analyser que le second choc pétrolier. L'analyse montre que celui-ci a entamé durement (et durablement) la profitabilité et l'investissement des entreprises, en raison de l'absence de freinage des salaires réels au moment du choc. Le pouvoir de négociation des salariés fut assez fort pour qu'au contraire le salaire nominal progresse rapidement au début des années 1980. Mais l'emploi puis la demande des ménages en subiront ultérieurement les conséquences. Parallèlement, on voit se creuser le besoin de financement des administrations publiques et s'envoler les dépenses publiques.

Conclusion 1 : en France, le poids du choc pétrolier a été supporté par les entreprises et l'État.

2. La crise du début des années 1990. En Europe continentale, elle est due essentiellement à la hausse des taux d'intérêt, avec la réunification allemande, et aux crises du système monétaire européen. Dans le cas de la France, le salaire réel et le revenu disponible réel des ménages ralentissent fortement dès les années 1990 et 1991, tandis que le chômage progresse. En revanche, le taux de profit des entreprises est peu affecté. Le déficit public s'accroît fortement de 1991 à 1993.

Conclusion 2 : en France, la hausse généralisée des taux d'intérêt à la fin des années 1980 et au début des années 1990 a été supportée par l'État et par les ménages.

3. La crise récente (2001-2004). Elle est due, on le sait, à l'excès d'endettement des entreprises, à l'effondrement des Bourses, spécialement des valeurs technologiques, et aussi – surtout à partir de 2002 – à la hausse des prix des matières premières. Dans tous les pays, la crise a été allégée par l'augmentation des déficits publics et par la mise en place de politiques monétaires très expansionnistes qui ont soutenu l'endettement des ménages.

Dans le cas de la France, on a constaté un fort ralentissement de l'emploi, du salaire réel, du revenu réel des ménages, accompagné d'un redressement de la profitabilité des entreprises depuis le début de 2003 avec, comme dans les autres pays du G5, un excès des gains de productivité par rapport aux hausses de salaire. Avec, pour corollaire, un freinage important du coût salarial unitaire. Quant au déficit public, il s'est creusé fortement, tandis que le besoin de financement des entreprises se réduisait à partir du début de 2001.

Conclusion 3 : en France, la charge de la crise post-« bulle Internet » a pesé (comme en Allemagne et au Japon d'ailleurs) sur l'État et sur les ménages. Au contraire, la situation des entreprises s'est sensiblement améliorée grâce à la déformation du partage des revenus (cela est vrai aussi aux États-Unis, au Japon ou en Allemagne). Par rapport au passé, le fait marquant est la capacité des entreprises à ne pas subir du tout le coût de la crise. ■

Les salariés privés des gains de productivité

Lorsqu'on évoque avec les chefs d'entreprise la question des salaires, la plupart mettent l'accent sur la nécessité de réduire leurs coûts salariaux afin de restaurer leur compétitivité coût et d'affronter la concurrence des pays émergents, sauf à se résigner à des destructions d'emplois industriels ou à ces délocalisations si décriées. Autrement dit, ils disent à leurs salariés : ne soyez pas trop « gourmands » en termes de rémunération, sinon vous partagerez la responsabilité des plans sociaux et autres délocalisations que nous seront contraints de mettre en œuvre... Or cette idée n'est pas démontrée sur le plan macroéconomique. Il n'est pas inutile en tout cas de la confronter à trois faits troublants.

Tout d'abord, les pays qui gagnent des parts de marché à l'exportation vers les pays émergents sont ceux où les coûts salariaux sont élevés et où la monnaie est forte. C'est le cas du Japon et de l'Allemagne. Deux pays où la compétitivité coût est faible, le taux de change effectif réel fort et le salaire par tête plus élevé que dans les autres grands pays développés (pour le Japon). En fait, la bonne performance de ces pays vient de la qualité de leur spécialisation industrielle, qui explique leurs énormes excédents commerciaux pour les biens d'équipement et le matériel de transport : en 2003, l'Allemagne affichait une balance commerciale des biens d'équipement et matériels de transport positive de 7,9 points de PIB et le Japon de 6. À comparer à un excédent de 1,3 point de PIB seulement pour la France et surtout à un déficit de 1,6 point de PIB pour les États-Unis. Cela montre que la qualité de la spécialisation internationale (et donc de la R & D pour des pays comme les nôtres) semble plus importante que la compétitivité coût pour expliquer la performance à l'exportation vis-à-vis des pays émergents.

Ensuite, s'il y avait conflit entre l'intensité de la concurrence des pays émergents (qui force à baisser les prix de vente dans les grands pays de l'OCDE) et le niveau des salaires, il y aurait chute de la profitabilité. Or, au contraire, celle-ci progresse grâce à l'écart entre gains de productivité et hausses des salaires réels, dans l'ensemble de l'économie et dans l'industrie (sauf aux États-Unis).

Enfin, non seulement les gains de productivité ne sont pas distribués aux salariés, mais la hausse des profits qui en résulte n'est que très partiellement dépensée en investissements supplémentaires pour être essentiellement épargnée ou reversée aux actionnaires (qui eux-mêmes l'épargnent la plupart du temps, surtout en Europe).

Il serait donc assez efficace que les gains de productivité soient distribués aux salariés dans les pays où le taux d'investissement des entreprises est élevé et où la profitabilité est largement suffisante pour financer ces investissements (États-Unis, Royaume-Uni, Japon, Allemagne, bientôt la France). À l'heure actuelle, cela n'est vraiment le cas qu'au Royaume-Uni...

Si la hausse des profits ne soutient pas la demande, elle ne stimule pas davantage l'investissement. Mais avant d'aller plus loin, il est utile de rappeler qu'il n'existe pas dans l'absolu de partage optimum des revenus : il y a des périodes au cours desquelles la déformation en faveur des profits est nécessaire. Dans les années 1970, par exemple, le choc pétrolier avait tellement pesé sur les comptes des entreprises qu'il s'est révélé par la suite indispensable de déformer le partage en faveur des profits, afin de sauver l'investissement et nombre d'entreprises du dépôt de bilan. Tout dépend aussi de ce que les entreprises font de leurs profits : on ne peut pas davantage comparer une situation où, comme c'est le cas actuellement, les entreprises redistribuent l'essentiel à leurs actionnaires, avec une situation où elles les utilisent pour investir, comme ce fut le cas par exemple à la fin des années 1990.

Or, depuis le début des années 2000, les profits supplémentaires ne sont guère investis : le taux d'investissement a même sensiblement chuté, que ce soit aux États-Unis, en Allemagne ou en France. En 2000, il a poussé une pointe (en valeur) à 13 % de PIB aux États-Unis, 12,5 % en Allemagne et 11,5 % en France. Mais ce fut une performance sans lendemain. En 2004, il passait à peine la barre des 10 % dans chacun des trois pays après deux ans dominés par le désendettement lié à l'éclatement de la bulle Internet. Cela explique le niveau élevé des taux d'autofinancement [1], désormais supérieurs à 100 % aux États-Unis, en Allemagne, au Royaume-Uni et au Japon (aux alentours de 85 % en France). Partout, la remontée du taux d'autofinancement est d'une ampleur supérieure à celle observée lors de la reprise du début des années 1990.

La hausse de la part des profits dans le revenu n'a donc pas d'effet favorable sur l'offre, puisqu'elle ne stimule pas l'investissement, et a un effet défavorable sur la demande,

1 Le taux d'autofinancement exprime la capacité des entreprises à financer elles-mêmes leurs investissements, sans recourir à des capitaux extérieurs. La capacité d'autofinancement désigne la capacité de l'entreprise à dégager des liquidités pour financer l'exploitation et le développement. Elle est égale au résultat avant prise en compte des éléments non monétaires (dotations aux amortissements et aux provisions), mais après impôt.

puisqu'elle résulte de la compression des salaires distribués, particulièrement en Europe et au Japon. Dans tous ces pays, la masse salariale réelle reçue par les ménages stagne ou même recule (en Allemagne). Le piège à croissance faible tourne à plein régime.

Que se passerait-il si ce changement dans le comportement des entreprises se révélait durable et si la déformation du partage des revenus en faveur des profits, la recherche d'une profitabilité très élevée et d'un taux d'autofinancement supérieur à 100 % se poursuivaient ? Cela n'annonce-t-il pas, au niveau macroéconomique, un freinage lui aussi durable de la croissance ?

Le fait que les gains de productivité ne soient pas distribués aux salariés et que les profits ne soient pas investis, mais redistribués aux actionnaires ou accumulés sous forme de liquidités, équivaut à une sorte d'épargne forcée placée en cash. Autrement dit, si le rendement des fonds propres des entreprises est maintenu à un niveau élevé, le rendement économique de l'épargne, lui, s'affaiblit, puisqu'une part croissante de celle-ci est transformée en liquidités ou en placements financiers (achats de titres publics, immobilier...), non en capital productif, générateur de croissance et d'emplois futurs. Cela est inquiétant tant du point de vue micro que macroéconomique : cela veut dire qu'une partie de notre potentiel de croissance future est stérilisée.

Mais les investisseurs, notamment anglo-saxons, sont plutôt satisfaits de ce qui se passe. Comme l'ensemble des acteurs du marché, ils sont favorables à des rentabilités intrinsèquement élevées, des risques de défaut aussi faibles que possible, donc à un levier d'endettement (dettes/fonds propres) réduit. Ils justifient aussi leurs exigences par un besoin de sécurité accru et, de ce point de vue, voient plutôt d'un bon œil le fait que les entreprises n'utilisent pas leurs profits pour investir à tort et à travers, estimant qu'après le coup de tabac de la fin des années 1990 elles ont compris la leçon et évitent désormais de se lancer dans des projets hasardeux ou dans des opérations de fusions-acquisitions payées à des prix exorbitants. Bref, qu'elles ont renoncé à prendre des risques excessifs pour se concentrer sur leur cœur de métier. En fait, on verra que cela ne les empêche pas de prendre des risques cachés pour satisfaire aux exigences des investisseurs, mais qu'au fond ceux-ci préfèrent ne pas les voir...

En définitive, le supplément de profits est mobilisé pour poursuivre la politique de désendettement (États-Unis, Japon, Allemagne, France), pour faire grossir les actifs financiers des entreprises (partout dans le G5 sauf en France), surtout monétaires (c'est particulièrement impressionnant au Japon, où les actifs monétaires des entreprises non financières dépassent les 2 000 milliards de dollars) ou pour financer les rachats d'actions (France, États-Unis, Japon) et distribuer des dividendes de plus en plus substantiels. En effet, si les profits des entreprises ne sont pas investis, elles ne peuvent pas garder les liquidités correspondantes dans leurs bilans, elles doivent s'en « débarrasser ». Car conserver des fonds propres sous forme d'actifs liquides (de cash) réduit évidemment le rendement de ces fonds propres [2] : il faut les redonner d'urgence aux actionnaires.

2 Puisque dans le calcul du ROE (*return on equity*, nom du ratio profits/fonds propres : voir *infra*, chapitre 4), le dénominateur est plus élevé si l'on garde les profits non réinvestis au bilan que si on les distribue.

Un capitalisme sans projet est condamné à s'autodétruire

Il n'est pas interdit d'avoir une analyse un peu différente, en remarquant tout d'abord que cette frilosité en matière d'investissement est particulièrement pénalisante pour les pays de la vieille Europe continentale. Car, en dépit d'une amélioration de la productivité, ils affichent un important déficit d'investissement en nouvelles technologies par rapport aux États-Unis et même par rapport au Royaume-Uni ou au Japon. Dans la seconde partie de la décennie 1990, les États-Unis (et dans une moindre mesure, le Royaume-Uni) ont massivement investi dans les nouvelles technologies. Sensiblement plus en tout cas que le Japon et les pays d'Europe continentale.

En 2000, les « investissements IT » (nouvelles technologies de l'information) représentaient outre-Atlantique près de la moitié (en volume, compte tenu de la forte baisse des prix de ces équipements) des investissements en équipements et plus de cinq points de PIB. Soit quelque 500 milliards de dollars. À comparer aux 28 % et 2,9 points de PIB de l'Union européenne. L'écart est considérable. Rapporté au PIB, le stock de capital IT est deux fois plus important aux États-Unis (12 % du PIB) qu'en Europe (5 % à 6 %). L'Amérique compte 74 % des trois cents premières firmes mondiales du secteur des technologies de l'information et 46 % des trois cents entreprises qui consacrent le plus de moyens financiers à la R & D. La part mondiale de l'Union européenne dans les exportations de produits de haute technologie est inférieure à celle des États-Unis. Tout comme la part de la fabrication de produits *high tech* dans la valeur ajoutée et les effectifs du secteur.

On le sait depuis longtemps : dans le monde qui vient, l'Europe n'a d'autre choix que d'avancer rapidement dans la voie de l'économie de la connaissance si elle veut pouvoir relever les défis lancés par l'Asie et les États-Unis. Et de se battre pour se doter de ces *cutting-hedge technologies*, ces technologies de rupture qui ont toujours un coup d'avance et permettent à un pays de maintenir l'écart avec les autres. Il serait donc souhaitable que les pays européens, au premier rang desquels la France, comblent leur retard dans ce domaine. Or, en dépit du processus de Lisbonne, adopté par les Européens en 2000 en pleine euphorie de la bulle Internet [3], nous sommes loin du compte. On peut même soutenir que cet ambitieux plan de réforme de l'économie européenne a piteusement échoué sur ses principaux objectifs. Notamment sur le front de la recherche et du soutien à l'innovation industrielle [4]. En ce qui concerne la recherche et développement, seuls deux pays de l'UE, la Finlande et la Suède, consacrent déjà plus de 3 % de leur PIB à la R & D (publique et privée), ce qui était l'objectif du processus de Lisbonne à l'horizon 2010.

Voilà pourquoi il est inexact et démobilisateur de soutenir qu'il n'y aurait désormais qu'une seule « issue » pour

---

3 Lors d'un sommet en 2000 dans la capitale portugaise, les Quinze donnaient dix ans à l'Europe – objectifs chiffrés à l'appui – pour rattraper les États-Unis et devenir l'« économie de la connaissance la plus compétitive et la plus dynamique du monde ».

4 Pour plus de détails, voir la dernière évaluation du processus de Lisbonne par le *think tank* londonien Centre for European Reform (CER) sur <www.cer.org.uk>.

un pays comme la France, celle d'une « sortie par le bas », autrement dit la pression *ad vitam aeternam* sur les coûts et sur les salaires et la poursuite de la déformation du partage des revenus. De ce point de vue, il est intéressant de comparer brièvement les situations italienne et française qui, à première vue, peuvent laisser penser que les deux pays se trouvent dans une situation comparable. L'un et l'autre perdent en effet du terrain sur leur marché intérieur [5], en particulier au profit des pays émergents ; le commerce extérieur affiche une contribution négative à la croissance, avec une dégradation qui apparaît clairement quand on compare ces deux pays à l'Allemagne : alors que les exportations de celle-ci suivent la tendance du commerce mondial, c'est loin d'être le cas pour la France et encore moins pour l'Italie. Enfin, on constate pour l'Italie comme pour la France une dégradation de la position extérieure pour tous les produits, et surtout sur le marché européen (quand l'Allemagne affichait en 2004, on l'a dit, un excédent de 155 milliards d'euros). Pour être plus précis, on observe que la balance commerciale agroalimentaire est faiblement excédentaire en France et très déficitaire en Italie ; celle des biens intermédiaires est déficitaire dans les deux pays ; quant à l'écart avec l'Allemagne sur la balance en biens d'équipement et matériel de transport, il est impressionnant. Mais cette similitude franco-italienne n'est qu'apparente. Elle cache le fait que les causes de la dégradation du commerce extérieur sont bien différentes.

5 En dix ans, de 1994 à 2004, le ratio importations/demande intérieure est passé de 21,5 % à 28 % pour l'Italie, de 20 % à près de 30 % pour la France.

La mauvaise performance à l'exportation de l'Italie s'explique par une dérive très importante des coûts salariaux unitaires dans l'industrie (par rapport à l'Allemagne et même par rapport à l'ensemble de la zone euro [6]). Cette dérive est due à l'évolution des salaires, qui n'a connu aucune rupture par rapport à la période ayant précédé la création de l'euro, et surtout à l'absence de gains de productivité dans l'industrie, ce qui est sensiblement différent de ce qui s'est passé en France et en Allemagne [7]. Le cas de l'Italie est donc relativement simple : il s'agit d'une maladie macroéconomique, une perte chronique de compétitivité dans l'industrie qui ne peut plus être corrigée par des dévaluations.

Dans le cas de la France, on ne peut expliquer les pertes de marché à l'exportation par une dégradation de la compétitivité coût. Et lorsque l'on compare la structure géographique ou la structure par grands groupes de produits des exportations allemandes et françaises, les différences (notamment une meilleure performance allemande vers les pays émergents, en particulier PECO et Asie) n'expliquent pas non plus l'importance de l'écart. Le problème français est différent : son commerce extérieur se dégrade vers pratiquement toutes les régions du monde et pour tous les pays ; ses parts de marché se replient aussi, par rapport à l'Allemagne, sauf pour les

---

6 Par rapport à une base 100 au premier trimestre de 1994, le coût salarial unitaire, dans l'industrie italienne, était monté dix ans plus tard à 122 (contre 100 pour l'ensemble de la zone euro, 90 pour l'Allemagne et 88 pour la France).

7 Par rapport à une base 100 au premier trimestre de 1994, la productivité par tête dans l'industrie était montée dix ans plus tard à à peine plus de 110 en Italie (contre près de 150 en France, un peu plus de 140 en Allemagne et 135 pour l'ensemble de la zone euro).

produits agricoles. Confirmation que la « maladie française » a des racines microéconomiques.

Le très grand écart en valeur, dans tous les secteurs (à l'exception des produits agricoles), entre les exportations françaises et les exportations allemandes laisse à penser qu'une qualité supérieure des produits, une montée en gamme, permet de les vendre à un prix nettement plus élevé. La qualité des produits est en cause. Elle est liée en partie d'ailleurs à l'effort de recherche et d'innovation plus soutenu aussi de l'autre côté du Rhin. Un seul chiffre : en 2001, dernier chiffre connu, le nombre de « famille de brevets », c'est-à-dire d'ensemble de brevets déposés à la fois en Europe, aux États-Unis et au Japon, était de 69,4 pour un million d'habitants en Allemagne, contre 37,1 en France et 13,7 en Italie [8]. Enfin, il faut noter que les entreprises allemandes maîtrisent leurs coûts salariaux unitaires dans l'industrie en ayant davantage que les françaises recours à l'*outsourcing* (l'externalisation de certains services de l'entreprise, comme l'informatique ou la logistique) et il réapparaît alors un avantage en termes de compétitivité pour peu que l'*outsourcing* ne dégrade pas la qualité des produits. Au total, la mauvaise performance du commerce extérieur français, en particulier par rapport à l'Allemagne, s'explique par la moindre qualité des produits, par un effort d'innovation insuffisant et un *outsourcing* moins pertinent.

Les enseignements à tirer de cette comparaison autorisent quelque espoir pour la France. Souffrant d'une « maladie macroéconomique » liée à la perte de compétitivité de son industrie, l'Italie ne pourra en effet faire

8 Tableau n° 65, *Main Science and Technology Indicators 2004*, OCDE.

l'économie d'un ajustement par le bas (compression des salaires, rattrapage de productivité dans l'industrie manufacturière) pour rétablir cette compétitivité. Pour la France, en revanche, la « sortie par le haut » est encore possible. À condition de ne pas trop tarder. Cela signifie que pour les entreprises françaises il ne s'agit pas de comprimer toujours davantage l'emploi local et les salaires (même si, dans certains secteurs, de tels ajustements peuvent se révéler transitoirement nécessaires), mais bien de regagner des parts de marché, de se ménager des rentes liées à la qualité ou au caractère innovant des produits. Et que pour cela il est urgent de réinvestir sur des projets de développement rentables à long terme.

Si les profits d'aujourd'hui ne font plus les investissements de demain et les emplois d'après-demain, pour reprendre une formule célèbre, à quoi peuvent-ils d'ailleurs bien servir ? Quand, en juillet 2004, Bill Gates a fait savoir qu'en quatre ans Microsoft allait reverser 75 milliards de dollars à ses actionnaires, dont 32 milliards dès le début 2005 (soit l'équivalent du revenu annuel d'un pays comme l'Ukraine ou le Viêt-nam), le marché n'a pas été si emballé que cela. Le cours de Microsoft s'est même mis à baisser. Signe que pour un certain nombre d'investisseurs cette décision était avant tout la preuve que le petit génie de l'informatique était en panne d'idées neuves pour l'avenir de son entreprise. Ou qu'en tout cas il était permis de se poser la question...

La même mésaventure est arrivée en mai 2005 au britannique Vodafone ou à l'américain IBM. Malgré la publication de résultats 2005 honorables (exercice clos fin mars), l'annonce du doublement du dividende et un nouveau rachat d'actions géant portant sur 5 % du capital

(6,8 milliards d'euros), le titre du géant mondial des mobiles a baissé alors sensiblement. De même, Wall Street a réservé à la même époque un accueil plus que tiède au dernier plan de restructuration du géant informatique, prévoyant la suppression de 10 000 à 13 000 emplois, soit 3 % à 4 % de ses effectifs mondiaux, principalement en Europe. La preuve que certains investisseurs commencent à se poser des questions et s'intéressent tout de même (parfois) davantage aux carnets de commandes qu'à un bénéfice dopé par des réductions de coûts.

Ces investisseurs-là, mais aussi les Français qui rêvent de faire confiance à leurs grandes entreprises, auraient besoin qu'on leur dise : « Voilà ce que nous allons faire d'une partie de nos bénéfices, nous allons investir pour préparer l'avenir. » Faute de quoi il n'est pas étonnant que dans l'opinion l'« acceptabilité sociale du bénéfice » – pour reprendre la formule de Louis Schweitzer, l'ancien patron de Renault – ait un peu diminué... Ce qui pose problème n'est pas le fait que les entreprises fassent des bénéfices importants, c'est ce qu'elles en font. Payer superdividende sur superdividende et multiplier les rachats d'actions ne constituent pas forcément, on l'a vu, une promesse de création de richesses. Malheureusement, s'engager dans la voie d'une augmentation généralisée des salaires non plus. Même si, sous certaines conditions, il y a des choses à faire en matière de pouvoir d'achat des salariés.

3

Augmenter le pouvoir d'achat, c'est nécessaire, mais insuffisant

Il faut redonner du pouvoir d'achat aux Français ! En France, l'année 2005 aura été dominée par ce débat. Le syndrome Carrefour, en effet, est largement partagé. Comme Véronique Picard et ses collègues, les Français sont majoritairement convaincus que la mondialisation s'est mise au service des actionnaires et que leurs revendications en matière de pouvoir d'achat sont légitimes. Tous les sondages réalisés en 2005 l'indiquent, sans exception. La plupart des politiques, de droite comme de gauche, n'ont d'ailleurs cessé de conforter ce sentiment, à commencer par Nicolas Sarkozy qui, dès le printemps 2004, lançait depuis Bercy la bataille de la baisse des prix – confirmant ainsi l'intuition largement partagée que la grande distribution avait profité du passage à l'euro pour augmenter ses prix, tout en usant et abusant (de connivence avec les grandes marques) du système des « marges arrière »...

Un nouveau « Grenelle des salaires » ?

À première vue, la macroéconomie donne plutôt raison aux militants de la feuille de paie : la déformation du partage des revenus en faveur des profits a freiné sensiblement, on l'a dit, la progression du revenu salarial réel. Dans son rapport de juin 2005 sur les salaires en France, l'INSEE confirme que le pouvoir d'achat du « salaire moyen par tête », qui avait augmenté de 1,2 % l'an en moyenne entre 1998 et 2001, a marqué le pas en 2002 (+ 0,2 %), baissé l'année suivante (– 0,3 %), avant de progresser à nouveau, mais de 0,4 % seulement, en 2004. Pas de quoi pavoiser, donc, d'autant que les experts de l'Institut national de la statistique promettent à nouveau une augmentation « timide » du pouvoir d'achat en 2005. En outre, l'absence de marges de manœuvre budgétaires a donné un coup d'arrêt en 2005 à la politique de baisse de l'impôt sur le revenu [1], qui constituait, avec la prime pour l'emploi, une des seules sources de soutien du revenu – dont ne bénéficiaient d'ailleurs pas les ménages les moins favorisés, exonérés de cet impôt (soit la moitié des contribuables).

---

1 Baisser l'impôt sur le revenu de 30 % en cinq ans, telle était l'ambition de Jacques Chirac lors de sa réélection en 2002. À la condition toutefois que la croissance annuelle moyenne pendant son mandat atteigne environ 3 %. Finalement, l'impôt sur le revenu – qui représente près de 23 % des recettes de l'État – aura diminué de 9 % entre 2002 et 2005, soit d'un peu plus de 5 milliards d'euros, et la croissance annuelle moyenne de l'activité sur la période aura été d'à peine plus de 1,3 %. L'impact de ces baisses d'impôt sur la croissance du PIB aura été limité à 0,12 point en 2002, 0,04 point en 2003 et 0,08 point en 2004. Peu de temps après son arrivée à Bercy, au printemps 2005, Thierry Breton, le nouveau ministre de l'Économie et des Finances, a indiqué que la baisse de l'IRPP ne se poursuivrait pas en 2006.

En réalité, depuis la fin 2002, la bonne tenue de la consommation n'a été possible que grâce au recul important du taux d'épargne des ménages : pour soutenir leur train de vie, les Français ont puisé dans leur bas de laine et accepté aussi de voir grimper leur endettement (à la fin du premier trimestre 2005, le taux d'endettement des ménages atteignait 62 % du revenu disponible). Malgré tout, la consommation commence à marquer le pas. Le volume des ventes de produits de grande consommation a même baissé en 2004 (– 1,4 %, selon l'INSEE), pour la première fois depuis... la fin de la Seconde Guerre mondiale. Tendance qui s'est confirmée au cours du premier semestre 2005. Début août, l'indicateur INSEE de moral des ménages était à son plus bas niveau depuis 1996.

D'où l'idée qu'une hausse des salaires serait une bonne chose pour stimuler la consommation sans pour autant gêner l'investissement des entreprises, puisqu'à l'heure actuelle les profits ne sont pas réinvestis... Il faut un nouveau « Grenelle des salaires », répète-t-on à l'envi ici et là [2]. À droite comme à gauche.

Ce débat, qui ne cesse de monter en France, est stimulé par des considérations politiques : mieux « partager » les revenus, c'est incontestablement bon pour le moral ; or, en économie, on sait à quel point le « moral des troupes » joue un rôle important. Dans l'esprit de nombreux responsables, se donner les moyens de mieux partager les revenus serait aussi une bonne façon de

---

2 Signés le 27 mai 1968, les « accords de Grenelle » débouchèrent sur un relèvement de 35 % du salaire minimum et de 10 % pour tous les autres salaires du secteur privé.

contrer ce courant antilibéral qui semble prendre de l'ampleur dans l'opinion... D'où les discours (offensifs) et les mesures (plus modestes) des gouvernements Raffarin puis Villepin en faveur du pouvoir d'achat.

Le débat a aussi des fondements économiques dont il faut discuter. La notion de « bon » partage des revenus entre profits et salaires est en effet à la fois subtile et évolutive, car la détermination du lien entre gains de productivité et hausses des salaires réels – si les salaires réels augmentent au même rythme que la productivité, le partage des revenus est stable – fait intervenir de nombreux mécanismes et objectifs, souvent contradictoires, et différents selon les secteurs d'activité. En fait, il s'agit avant tout d'être pragmatique, en rendant compatible l'aspiration légitime à l'augmentation du pouvoir d'achat avec des évolutions structurelles qui, elles, pousseraient plutôt à réduire les salaires – du moins dans les secteurs les plus exposés à la concurrence internationale et dans ceux recourant principalement au travail peu qualifié.

Il faut en effet y revenir une fois de plus : la première de ces évolutions est évidemment liée à la concurrence des pays émergents. Les chiffres laissent peu de doute sur le « sens de l'Histoire » : la part de marché des pays émergents dans les importations françaises s'accroît, surtout depuis 2002 (remontée de l'euro). En 2004, elle représentait environ 12,5 % des importations totales et 35 % des importations en provenance des pays hors Union européenne. Parallèlement, le déficit de la balance commerciale française avec les pays émergents ne cesse de s'aggraver : il a atteint quelque 40 milliards de dollars en 2004, deux fois plus que dix ans plus tôt. Et, contrairement à ce qui se passe en Allemagne (où la balance « biens d'équipement et matériels de transport » a affiché en 2004 un excédent de quelque 200 milliards de dollars), la détérioration touche en France, on l'a vu, la plupart des secteurs et de très nombreux produits.

La réaction des entreprises concernées par cette concurrence passera donc inévitablement par la poursuite de la baisse du coût salarial unitaire ; et il est à craindre que celle-ci ne se fasse pas seulement par les gains de productivité (d'autant que l'Europe, on l'a vu, n'investit pas assez dans les nouvelles technologies), mais impose aussi, au moins dans les secteurs très exposés, une baisse du salaire par tête. Bref, il y a des secteurs où une augmentation généralisée des salaires n'est pas envisageable, sauf à prendre le risque d'accélérer le processus de délocalisations et de destruction d'emplois.

La seconde évolution structurelle à prendre en compte est directement liée à une « spécialité » de la plupart des pays du Vieux Continent : le déficit important d'emplois non qualifiés (dans les services, la distribution, la construction, etc.). Les pays d'Europe continentale, dont notamment la France, souffrent d'une insuffisance d'emplois de service, notamment dans la distribution et les services aux personnes. Partout en zone euro (sauf en Espagne), les créations d'emplois dans les secteurs protégés de la concurrence internationale sont ainsi insuffisantes pour lutter contre le chômage.

On connaît par cœur désormais les raisons généralement avancées pour expliquer ce « déficit » d'emplois : faible mobilité du travail, faible vitesse de rotation des emplois – conséquence d'une « trop forte » protection de l'emploi [3] –, existence de barrières à l'entrée dans de nombreux secteurs, à commencer par la distribution [4], qui limitent les créations d'entreprises nouvelles et donc aussi les créations d'emplois, insuffisance du taux de participation (offres d'emploi non satisfaites) et surtout coût trop élevé du travail peu qualifié.

Dans les services aux particuliers, par exemple, le « taux d'emploi » (c'est-à-dire le nombre d'emplois rapporté à la population) est de 5,5 % en France, contre 8 % aux États-Unis. Dans la distribution, il atteint 8 % (9,25 % aux États-Unis). Si le taux d'emploi dans chacun de ces deux secteurs y était équivalent à celui des États-Unis, le niveau d'emploi en France serait plus élevé de 3,8 points, soit un surcroît d'emplois de près de... 2,5 millions ! Un écart quantitatif évidemment considérable, à mettre en rapport toutefois avec la très forte précarité des emplois concernés aux États-Unis, peu compatible avec les traditions sociales européennes – emplois précaires et mal payés ou absence d'emplois, c'est précisément cette alternative infernale dont il faudrait pouvoir sortir, nous y reviendrons.

Quant au niveau du salaire mensuel minimum (1 173 euros en 2004 contre 537 en Espagne, par

---

3 Dans les *Perspectives pour l'emploi*, l'OCDE calcule régulièrement un indicateur de la rigueur des normes de protection de l'emploi régulier en donnant des notes de 0 à 6, les valeurs augmentant avec le degré de rigueur de la réglementation. Dans sa dernière livraison en date de 2002, la France était notée 2,3 (l'Allemagne 2,8 ; le Royaume-Uni 0,8 et les États-Unis, 0,2).

4 L'OCDE note également, selon le même principe, la réglementation dans le commerce de détail. La France est notée 4,7, loin devant tous les autres pays (Italie, 3,1 ; Royaume-Uni, 2,6 ; Espagne, 2,5 ; Allemagne, 1,3).

exemple), il représente en France plus de 46 % du salaire moyen, contre 33 % aux États-Unis (avec un salaire minimum de 727 euros). En dépit de la politique d'allégement des charges sociales mise en place dès 1993, le coût élevé du travail non qualifié est en France, comme d'ailleurs dans la plupart des pays d'Europe continentale, une des principales causes du chômage élevé pour cette catégorie de salariés. En 2002, dernier chiffre connu, le taux de chômage des non-diplômés atteignait 11,8 % en France, contre 10,2 % seulement aux États-Unis [5]. Ces secteurs où il y a déficit d'emplois (services aux particuliers, distribution) sont aussi ceux qui emploient de nombreux salariés non qualifiés à des salaires voisins du SMIC. Des secteurs pour lesquels, là encore, il est exclu d'envisager toute augmentation généralisée des salaires, sauf à prendre le risque de s'y priver de toute création d'emplois.

Cela ne signifie nullement qu'il faut réduire encore le revenu de ces catégories de salariés déjà particulièrement pénalisés, mais plutôt qu'il faut imaginer d'autres moyens de leur assurer une progression de pouvoir d'achat, sans compromettre pour autant les créations d'emplois dans ces secteurs.

---

5 OCDE, *Perspectives pour l'emploi 2004*, tableau D.

Intérêt et limites des mécanismes d'intéressement et de participation

D'une manière générale, comment rendre conciliable ce qui paraît inconciliable ? Tout d'abord, en encourageant la redistribution des profits aux salariés dans les secteurs et dans les entreprises où la profitabilité est élevée et qui ne sont pas exposés à la concurrence des pays émergents. C'est désormais pratiquement tout ce qu'un gouvernement sans marges de manœuvre budgétaires peut faire. D'autant qu'en ce qui concerne le secteur privé, le temps n'est plus à la « politique des revenus » : dès lors que les négociations salariales sont très décentralisées (au niveau de l'entreprise, voire de l'établissement ou de l'unité de production), celles-ci prennent en compte les conditions locales, mais n'intègrent pas les mécanismes de « bouclage macroéconomique » et dépendent essentiellement du pouvoir de négociation des salariés.

Restent les diverses mesures destinées à encourager la consommation, sans toucher aux salaires : intéressement et autres plans d'épargne salariale (voir encadré). Puisque ce qui choque, à juste titre, c'est la distorsion entre l'annonce de profits records et l'extrême modération salariale, pourquoi ne pas jouer sur les dispositifs existants de « participation aux résultats de l'entreprise » pour redistribuer une partie des profits aux salariés ?

Depuis le début des années 2000, les gouvernements qui se sont succédé en France ont fait ce qu'ils ont pu pour rendre immédiatement disponibles (« liquéfier ») les sommes versées par les salariés au titre de la participation, tout en encourageant les PME à développer des systèmes d'intéressement. Autant d'initiatives en principe « bonnes pour le moral », mais qui ne peuvent avoir qu'un impact économique limité. Dans les PME, en effet, moins d'un salarié sur dix bénéficie actuellement d'un accord d'intéressement. Quant au plan d'épargne entreprise (PEE), 31 % seulement des salariés français (du secteur privé) en bénéficiaient en 2002 et un peu plus de 22 % seulement épargnaient réellement (soit 3,4 millions de personnes), avec un montant moyen de 11 400 euros au 31 décembre 2002 [6]. En outre, ce sont surtout les salariés aux revenus élevés qui en bénéficiaient : 42 % des salariés ayant effectué à cette date des versements sur un PEE gagnaient plus de 30 000 euros par an ; en revanche, 5,5 % seulement des ménages gagnant moins de 15 000 euros avaient effectué cette année-là un versement sur un PEE [7].

La conclusion s'impose d'elle-même : même en poussant les feux (comme l'a tenté Nicolas Sarkozy lors de son passage au ministère de l'Économie et des Finances en 2004), l'impact sur la consommation, et *in fine* sur la croissance, de la redistribution des profits par les mécanismes de participation et d'intéressement est forcément faible et difficile à mesurer. En 2004, le député (et ancien Premier ministre) Édouard Balladur a fait voter par amendement au budget 2005 deux mesures pour créer un nouveau mécanisme de distribution d'actions gratuites et

6 DARES, enquête ACEMO-PIPA 2003.

7 Des ordres de grandeur confirmés par l'enquête INSEE de 2002 sur le patrimoine des ménages, laquelle soulignait que 3,8 % seulement de ceux dont le montant du patrimoine global était inférieur à 3 000 euros disposaient d'un plan d'épargne entreprise, contre 46,8 % pour ceux possédant un patrimoine supérieur à 105 000 euros.

Participation, intéressement, plan d'épargne entreprise

- En France, divers dispositifs permettent en principe aux salariés de percevoir des rémunérations complémentaires à leur salaire, dépendantes des résultats économiques de leur entreprise.

  – *La participation des salariés aux résultats de l'entreprise* : elle est obligatoire dans les entreprises de plus de cinquante salariés, mais peut être mise en place aussi dans les structures plus petites. Elle permet de redistribuer à chaque salarié une partie du bénéfice, selon les modalités définies dans le cadre d'un accord collectif. Les sommes ne sont pas immédiatement disponibles. Elles sont bloquées pendant une certaine période (en principe cinq ans) pour permettre à l'entreprise de financer des investissements productifs. Les sommes bloquées sont placées sur des fonds communs de placement d'entreprise (FCPE) ou associées à un « plan d'épargne entreprise ».

  – *Le plan d'épargne entreprise (PEE)* : il s'agit d'un système d'épargne collectif ouvrant aux salariés la possibilité

pour accroître l'abondement que l'entreprise peut verser aux plans d'épargne investis en actions – mesures aux résultats plus qu'incertains. Dès son arrivée à Bercy, en mars 2005, le nouveau ministre de l'Économie et des Finances, Thierry Breton, a promis lui aussi diverses mesures sur la participation et l'intéressement. Mais il n'y aura pas de « grand soir » de la participation. Simplement différents aménagements aux dispositifs existants qui, bien calibrés, peuvent contribuer à améliorer un peu le partage des revenus et aussi la perception qu'en ont les salariés. Ce qui n'est certes pas négligeable, mais qui reste bien en deçà des défis de l'heure.

de se constituer un portefeuille de valeurs mobilières. L'entreprise prend à sa charge la gestion du PEE et peut éventuellement abonder les sommes placées volontairement par le salarié. Comme pour la participation, celles-ci sont généralement bloquées pendant cinq ans, mais peuvent faire l'objet d'un déblocage anticipé, sous certaines conditions ou dans le cadre d'une disposition législative particulière (loi Sarkozy, par exemple).

– *L'intéressement des salariés aux résultats ou aux performances de l'entreprise* : les sommes versées sont immédiatement disponibles, à moins que le salarié ne décide de les verser sur son PEE.

– Enfin, la loi du 19 février 2001 sur l'épargne salariale favorise l'accès des salariés aux dispositifs d'intéressement et de plan d'épargne salariale. Selon une étude de la DARES consacrée à ce thème, fin 2002, 52 % des salariés du secteur marchand sont concernés par ce type de participation financière. ■

Pour un impôt négatif à la française

Quant à la question spécifique du travail non qualifié, elle peut aussi être traitée dans un sens favorable au pouvoir d'achat et à l'emploi, grâce à l'utilisation plus importante d'un système d'impôt négatif. Sur cette question, l'expérience des États-Unis, avec l'*Earned Income Tax Credit* (EITC), est plutôt stimulante. Quelque 50 millions d'Américains touchent cette prime, ce qui représente un montant annuel de près de 35 milliards de dollars. Dans ses conditions d'éligibilité (voir encadré),

---

Comment fonctionne l'*Earned Income Tax Credit* (EITC) aux États-Unis ?

■ L'*Earned Income Tax Credit* (EITC), également appelé *Earned Income Credit* (EIC), est né du débat de la fin des années 1960 et du début des années 1970 sur l'impôt négatif (NIT, pour *Negative Income Tax*) aux États-Unis, conçu alors comme un programme de lutte contre la pauvreté sans les inconvénients classiques des systèmes de revenu minimum (effets désincitatifs), puisque son obtention est conditionnée au fait d'avoir un emploi.

C'est un crédit d'impôt sur le revenu accordé par le gouvernement fédéral aux personnes et aux familles en activité et à faible revenu. Il est octroyé aux personnes et aux familles actives dont le revenu annuel imposable est inférieur à :

– 11 490 dollars (12 490 dollars pour les couples mariés remplissant une seule déclaration fiscale) sans enfant à charge ;

– 30 338 dollars (31 338 dollars pour les couples mariés remplissant une seule déclaration fiscale) avec un enfant à charge ;

---

elle représente au maximum 40 % du revenu. Ce qui correspond à un taux marginal d'imposition de – 25,8 % aux plus bas niveaux de revenus (– 40 % pour l'EITC, + 14,2 % pour les autres taxes sur les salaires).

L'impôt négatif a pour effets essentiels d'accroître le revenu des salariés à bas revenus, avec la plus forte hausse (40 %) pour les *working poors* (« travailleurs pauvres ») ; il contribue à accroître aussi l'offre de travail de ceux qui, sans l'impôt négatif, se présenteraient peu sur le marché

– 34 458 dollars (35 458 dollars pour les couples mariés remplissant une seule déclaration fiscale) avec plusieurs enfants à charge.

Pour pouvoir bénéficier de ce crédit d'impôt, le contribuable doit avoir un emploi « réel » (c'est-à-dire non subventionné comme *community service* ou *work experience*), avoir des revenus liés aux placements financiers inférieurs à 2 650 dollars et déclarer ses revenus, même si ceux-ci sont inférieurs au niveau à partir duquel leur déclaration devient obligatoire. Lorsque l'EITC dépasse le montant de l'impôt dû, les contribuables éligibles qui en font la demande peuvent bénéficier d'un remboursement.

Il est par ailleurs sans effet sur certaines prestations sociales. Les versements EITC n'empêchent pas un bénéficiaire d'avoir droit aux prestations suivantes : assurance maladie (Medicaid), *supplemental security income* (SSI), coupons alimentaires, habitations à loyer modéré, ainsi que la plupart des versements d'assistance temporaire pour les familles en difficultés (TANF). ■

du travail [8]. Dans le cas des États-Unis, il s'agit surtout des femmes seules avec enfants, mais cela correspond outre-Atlantique à un choix politique : les caractéristiques propres au dispositif EITC (même limite de revenu pratiquement pour un couple ou une personne seule, concentration du crédit sur les familles de deux enfants au moins) ont été définies en fonction de cette priorité. Mais

8 Pour une analyse détaillée du système, voir Ixis-CIB, *Recherche économique. Flash*, n° 2005-205, 6 juin 2005.

le système pourrait fort bien être rendu neutre sur ce point en instaurant un impôt négatif lié au seul niveau de salaire.

Un EITC à la française, « débarrassé » des biais associés à la nature de la famille ou au nombre d'enfants, pourrait : d'une part, même de manière limitée à certains groupes (revenus les plus faibles, salariés les moins qualifiés), accroître l'offre de travail non qualifié par la hausse du taux de participation ; et, d'autre part, se substituer au salaire minimum afin de stimuler la demande de travail non qualifié sans réduire pour autant le revenu total des salariés concernés. Il s'agit donc de dissocier l'évolution (positive) du revenu de ces salariés et celle (négative) du salaire minimum en augmentant l'impôt négatif. La démarche a d'ailleurs été amorcée en France, avec la création de la prime pour l'emploi (PPE) [9].

Depuis sa mise en place en 2001 par le gouvernement Jospin, 13,63 milliards d'euros ont été distribués, dont 3,37 en 2005 (soit 0,31 % du revenu disponible brut). Quelle que soit la manière dont on le calcule, l'impact de ce dispositif sur la croissance reste modeste (de l'ordre de 0,15 point), avec un coût net d'un peu plus d'un milliard d'euros. Mais la prime pour l'emploi produit également

---

9 La prime pour l'emploi a été créée en mai 2001 par le gouvernement Jospin. L'objectif affiché de cette mesure était d'« inciter au retour à l'emploi ou au maintien de l'activité » (loi du 30 mai 2001, art. 200 sexies). Sous certaines conditions, elle bénéficie alors, sous forme de crédit d'impôt, à toute personne percevant un revenu d'activité compris entre 0,3 et 1,4 SMIC. En septembre 2005, le gouvernement Villepin a annoncé une revalorisation de la prime, tout en mettant l'accent sur les salariés à temps plein ou à mi-temps, rémunérés au SMIC. De 2,2 % du SMIC en 2001, elle passera ainsi à 6,2 % pour un plein temps en 2007. Et à 11,5 % du salaire annuel pour un salarié à mi-temps.

des externalités positives, *via* une incitation au retour à l'emploi ou au maintien de l'activité, puisqu'elle est distribuée par rapport aux seuls revenus d'activité. Il faut aller plus loin dans cette voie.

Déverrouiller la concurrence pour faire baisser les prix

Enfin, une dernière piste est également explorée depuis 2004, celle de la baisse des prix... Chacun le sait : une croissance forte va de pair avec un marché des biens et services dynamique et, pour ce faire, il faut que ce marché soit le plus vaste possible et qu'il puisse fonctionner librement et dans la transparence. Or, les marchés français – des biens, des services et du crédit – restent encore marqués par une concurrence insuffisante, ce qui pénalise les consommateurs, mais aussi les entreprises qui cherchent à grandir en venant mordre les mollets des positions acquises, et l'emploi. Grâce entre autres aux actions des associations de consommateurs, plus personne n'ignore aujourd'hui qu'en France il reste beaucoup à faire – dans les télécoms, les transports, les services bancaires et financiers, sans oublier évidemment la grande distribution, entre autres – pour lutter contre les cartels en tous genres, les entorses aux réglementations, les clauses qui ficèlent soigneusement le client et libérer la concurrence de la dictature des situations acquises.

Dans son rapport 2005, le Conseil de la concurrence épinglait ainsi pêle-mêle les spécialistes du cartel en transports urbains, Royal Canin et ses « ententes verticales » avec les distributeurs de croquettes pour chiens,

Jean-Claude Decaux, le roi du mobilier urbain, La Poste ou SFR (pour abus de position dominante), Decathlon (pour entente), sans oublier bien entendu France Télécom, depuis longtemps champion toutes catégories de la position dominante, des pratiques de fidélisation abusives et autres contrats d'exclusivité avec des distributeurs...

Le secteur des télécommunications, et notamment de la téléphonie mobile, est en effet devenu le paradis des « rentiers », l'eldorado des tenants de l'oligopole. Le rapport annuel 2005 de l'Autorité de régulation des télécoms (ARCEP, ex-ART) ne se prive pas pour dénoncer la collusion tacite entre Orange, SFR et Bouygues Télécom pour maintenir des prix élevés dans la téléphonie mobile. En facturant 15 centimes d'euro le SMS, dont le prix de revient s'élève exactement à 2,2 centimes, chaque membre du trio réalise une marge de 80,2 %, a calculé l'UFC-*Que Choisir*. Un certain nombre d'études ont d'ailleurs montré que le marché français de la téléphonie mobile est un des moins concurrentiels d'Europe, où le prix des communications mobiles ne baisse plus depuis cinq ans.

Le régulateur n'est pas satisfait de la place accordée aux « opérateurs virtuels » (dits MVNO) qui louent les réseaux du trio historique, mais proposent une offre propre. En mai 2005, le président de l'ARCEP, Paul Champsaur, constatait ainsi qu'en dépit de la multiplication des MVNO depuis un an « les conditions qu'imposent, pour accéder à leurs réseaux, les opérateurs hôtes à leurs concurrents virtuels sont insuffisantes pour permettre à ces derniers d'animer vraiment le marché ». Si en termes diplomatiques ces choses-là sont dites, elles n'en constituent pas moins un avertissement. Au début de l'année 2005, l'ARCEP avait déjà estimé que les trois opérateurs étaient en « position dominante conjointe ». Une analyse manifestement partagée par un rapport de la DGCCRF (la Direction générale de la concurrence, de la consommation et de la répression des fraudes) dont le contenu a été rendu public à la fin du mois d'août 2005 par *Le Canard enchaîné* et *Le Parisien* [10] et qui montrerait, documents à l'appui, que le trio se serait entendu sur une sorte de « Yalta des parts de marché ». Une situation peu propice à la baisse des prix... Le Conseil de la concurrence devait se prononcer sur ce dossier avant la fin 2005. Il peut infliger une amende allant jusqu'à 10 % du chiffre d'affaires mondial des opérateurs concernés.

Redonner du pouvoir d'achat à la fois directement (par la baisse des prix) et indirectement (par la résorption du chômage) passe nécessairement, notamment dans certains secteurs très grand public, par le déverrouillage de la concurrence et par l'adaptation des réglementations sur le marché des services (distribution, services aux particuliers, crédit) : il s'agit de dynamiser un secteur qui doit permettre de résorber une partie très significative du déficit d'emplois.

« Sous couvert de continuer à protéger l'emploi, les consommateurs ou certaines industries jugées fragiles, des réglementations inadaptées ne font plus que nourrir les rentes de ceux qui sont installés, au détriment de ceux qui ne le sont pas, entravent en fait l'investissement, l'initiative, l'innovation, la variété, les gains de productivité et poussent les prix à la hausse, y compris ceux du logement et des loyers. *In fine*, elles limitent généralement

---

10 Du 24 août 2005.

l'emploi et sont défavorables aux consommateurs », soulignait en septembre 2004 le rapport Camdessus sur les freins à la croissance, avant de proposer un certain nombre de mesures. Notamment en vue de développer le secteur des services, il plaidait à la fois pour un effort spécifique sur le développement des services aux personnes et pour les trois libertés du commerce (liberté sur les jours d'ouverture, liberté sur les dates des soldes, liberté d'installation et de fixation des prix) [11].

Sur ce dernier point, les gouvernements Raffarin puis Villepin se sont attaqués à la réforme de la fameuse loi Galland qui régit les relations entre fournisseurs et distributeurs [12]. Celle-ci a en effet encouragé le gonflement des « marges arrière », qui peuvent atteindre jusqu'à 40 % du prix d'un produit, plutôt que la concurrence par les prix. Or, cette augmentation des marges arrière a poussé inexorablement à une augmentation des prix pour le consommateur. Les études menées pour mesurer le coût de ce « détournement » chiffrent le surplus d'inflation entre 0,1 % et 0,2 % l'an. Le manque à gagner pour le consommateur a été évalué entre 0,7 et 1,3 milliard d'euros par an. La réforme de la loi Galland, qui représente environ la moitié des articles du projet de loi sur les PME discuté avant l'été 2005, doit permettre de définir entre autres un

---

11 Sur cette question, voir le chapitre 6 du rapport de Michel CAMDESSUS *Assurer l'efficacité des marchés des biens et services*, La Documentation française, Paris, septembre 2004.

12 Afin de rééquilibrer les relations entre fournisseurs et distributeurs, la loi dite « Galland » de 1996 a imposé un calcul beaucoup plus strict du seuil de revente à perte : les ristournes consenties par les fournisseurs aux distributeurs au titre de la « coopération commerciale » – les fameuses « marges arrière » – ne peuvent être prises en compte dans le calcul.

nouveau seuil de revente à perte et de mettre fin aux accords de gamme qui pervertissent les politiques de prix et menacent l'existence même de nombreuses PME. Mais tout n'est pas joué, tant les lobbies font la démonstration de leur force sur ce dossier.

Il y a donc à faire sur le front de la redistribution des profits comme sur celui des prix et du pouvoir d'achat de certaines catégories précises, tout en favorisant la création d'emplois. Il ne faut négliger ni les aspects monétaires ni les aspects psychologiques de ce chantier. Mais il ne faut pas pour autant se tromper de combat. Car depuis la fin 2002, en France, la croissance de la demande intérieure est nettement supérieure à celle du PIB et il y a substitution croissante d'importations à la production domestique. On l'a dit, les pertes de parts de marché à l'exportation sont importantes et la contribution du commerce extérieur à la croissance, négative [13]. La preuve par neuf qu'en France (contrairement peut-être à ce qui se passe en Allemagne) le problème n'est pas seulement celui de l'insuffisance de la demande, mais aussi celui de l'absence de réactivité de l'offre. Une politique d'augmentation généralisée du pouvoir d'achat reviendrait donc à soigner les symptômes sans s'attaquer aux causes profondes qui entravent la croissance de l'économie française. Voire à prendre le risque d'aggraver la maladie en accélérant le processus de perte de compétitivité.

Redisons-le : une politique ciblée de redistribution des bénéfices au profit des salariés et d'augmentation du

---

13 En un an, du début 2004 au début 2005, la demande intérieure a crû de 3,1 % en France, et le PIB de 1,5 % seulement, l'écart correspondant à la dégradation du commerce extérieur.

pouvoir d'achat des plus démunis peut contribuer à faire revenir la confiance. Et dans une certaine mesure à soutenir la croissance. Mais il serait absurde (et à terme dangereux) de vouloir stimuler la demande par des mesures de type purement keynésien. Sauf à vouloir organiser une incitation aux importations et aux délocalisations ! La croissance généralisée du pouvoir d'achat n'est pas le préalable à la sortie du piège à croissance faible. Elle devrait plutôt être l'heureuse conséquence de l'enclenchement d'un cercle vertueux.

Encore faut-il qu'un certain nombre de conditions soient réunies. La première, essentielle, est que l'argent qui coule à flots actuellement dans l'économie mondiale soit utilisé à bon escient pour favoriser l'adaptation des économies, investir dans les ordinateurs, les usines, les infrastructures, la recherche et développement, et non pour alimenter la quête à court terme de rendements financiers déraisonnables, au détriment des entreprises et de leurs salariés comme de l'ensemble des économies. Pour dire les choses autrement, il serait terrible que la mondialisation soit « instrumentalisée » par des investisseurs obsédés par leur propre quête du rendement. Et qui, pour cette raison, exigeraient des entreprises une rentabilité des fonds propres excessive. C'est la première dérive qui fragilise le capitalisme en ce début de XXIe siècle.

4

Les risques cachés de la course aux profits

Avec son cortège de délocalisations et autres pressions à la baisse sur les salaires, la mondialisation ne sert-elle pas d'alibi aux entreprises tentées de courir après des rendements déraisonnables du capital, et surtout aux grands investisseurs tentés de les exiger ? Il est permis de se poser la question. D'où cette interrogation qui ne fait que croître et embellir depuis que, vers le milieu des années 1990, les firmes de tous les continents ont commencé à se prosterner devant la déesse *shareholdervalue* (création de valeur pour l'actionnaire) : cette chasse au rendement du capital investi va-t-elle les aveugler encore longtemps, au point de leur faire perdre de vue leur principale mission, imaginer des axes et des projets de développement pour créer des richesses et de l'emploi ?

Le mythe des 15 % de rentabilité, ou la dictature du ROE

Personne ne se souvient vraiment qui a donné naissance au fameux mythe des 15 % de rentabilité des fonds propres – ou *return on equity* (ROE), en anglais dans le texte. Tout au plus peut-on rappeler que la notion de « création de valeur » est sortie dès la fin des années 1950 de l'imagination fertile des économistes américains Franco Modigliani et Merton Miller. Entre autres. Mais tout le monde sait depuis la fin du siècle dernier à quel point cet objectif (15 % de rentabilité des fonds propres) est devenu l'horizon (in)dépassable de toute stratégie d'entreprise.

À chaque époque, il est vrai, son totem : la taille (total des actifs, chiffre d'affaires) dans les années 1960 ; la rentabilité comptable (bénéfice net, bénéfice net par action) dans les années 1970 ; les liquidités dégagées (cash flow, cash flow opérationnel, cash flow libre) dans les années 1980 ; et, depuis le milieu des années 1990, cette création de valeur qui met tous les dirigeants de la planète sous le joug de la rentabilité des capitaux investis (voir encadré). Un de ces chiffres magiques dont l'économie a parfois le secret, en dehors de toute rationalité, mais doué d'un pouvoir symbolique fort qui exprime avant tout une réalité : l'actionnaire est désormais solidement installé en protagoniste du partage de la valeur ajoutée. Et les dirigeants des entreprises sont invités à lui donner satisfaction en priorité.

Le président de la Deutsche Bank, Josef Ackermann, par exemple, a carrément fait sensation au début de 2005 en promettant à ses actionnaires un ROE de 25 % pour l'année en cours, ce qui équivaut pour la banque allemande à réaliser un bénéfice imposable de 6 milliards d'euros ! L'événement a frappé les esprits. On ignorait en effet que la santé financière de la Deutsche Bank était compatible avec de tels objectifs de rentabilité à court terme sans contorsions industrielles ou financières (son ROE 2004 a atteint péniblement les 10 %...). Le P-DG s'est même illico attiré les foudres du chancelier Gerhard Schröder, qui lui a demandé de réfléchir à ses « devoirs envers son personnel comme envers la nation » : Ackermann assortissait en effet cet engagement d'une autre « promesse » : la suppression ou la délocalisation de 10 % des effectifs de la banque, soit 6 400 emplois, dont le tiers en Allemagne !

On ignore quels sont précisément les ingrédients de la recette du docteur Ackermann, mais celle-ci est manifestement efficace : dans le courant de l'été 2005, on apprenait que le rendement des fonds propres avant impôts et charges de restructuration avait bel et bien atteint 25 % au deuxième trimestre 2005, exactement en ligne avec l'objectif défini pour l'ensemble de l'année (dès le 14 juin, le P-DG de la Deutsche Bank fut « récompensé » de son audace par une page particulièrement élogieuse dans le *Financial Times*). Sur le semestre, le ROE de la Deutsche Bank est même grimpé jusqu'à 29 %. L'occasion pour Josef Ackermann de promettre à la fin du mois de juillet une augmentation substantielle du dividende pour 2005 et un nouveau plan de rachat d'actions à ses actionnaires, le quatrième consécutif, qui permettra de racheter jusqu'à 10 % du capital avant le 31 octobre 2006 !

Pour autant, le banquier allemand ne fait jamais que suivre l'exemple de ses collègues britanniques, espagnols

---

La mesure de la profitabilité par le ratio ROE

- Un mot de précaution tout d'abord, il existe de nombreuses mesures de la profitabilité : résultat opérationnel, rendement des fonds propres (*return on equity*, ou ROE dans le jargon des investisseurs), rendement du capital avancé (*return on capital employed*, ou ROCE). La mesure la plus utilisée ces dernières années est le ROE. C'est une mesure relativement subjective : il suffit par exemple à une entreprise de substituer de la dette aux actions pour réduire le niveau de ses fonds propres et donc accroître son ROE... C'est d'ailleurs ce qui s'est fait massivement dans la seconde moitié des années 1990, où l'envolée des ROE a été obtenue en jouant du levier d'endettement, avec les résultats que l'on sait... C'est pourtant une norme encore largement utilisée, et l'on voit monter, particulièrement en Europe, les exigences de ROE pour converger vers le niveau obtenu aux États-Unis.

  – *Return on equity* (ROE) : on calcule ce ratio soit sur la part du groupe, soit sur la totalité du groupe. En part du groupe, on rapporte le résultat net part du groupe d'une année aux capitaux propres part du groupe en début d'exercice. En

---

ou français... En 2004, selon une étude de l'agence de notation Fitch Rating [1], trente-deux des cent premières banques européennes ont affiché un ROE supérieur aux fameux 15 % : elles retrouvaient presque les sommets du tournant du siècle, avec des bénéfices cumulés légèrement supérieurs à 100 milliards d'euros, ce qui correspond à un bond de 30 % en un an et de près de 70 % en deux ans. Parmi les champions du ROE, l'irlandaise Depfa Bank (32,92 %) et les britanniques Alliance & Leicester

---

1 *Les Échos*, 11 juillet 2005.

groupe, on rapporte le résultat net part totale (y compris minoritaires) d'une année aux capitaux propres totaux (y compris minoritaires) en début d'exercice.

– *Return on capital employed* (ROCE) : ici, se pose surtout la question de définir la base de capital, et tout particulièrement de savoir si les provisions font partie du capital employé... Pour contourner ce problème, on peut calculer le capital employé par les actifs (corporels et incorporels) immobilisés + besoin en fonds de roulement (approximatif par stocks + clients – fournisseurs). À cela, on rapporte généralement un résultat opérationnel avant impôt. C'est ce type de ROCE qu'utilisent les régulateurs sectoriels (télécoms, eau, gaz, électricité...).

À noter que l'on exclut généralement les actifs financiers (titres de participations, investissements, sociétés mises en équivalence) et les produits et charges qui vont avec, ce qui fait que, là aussi l'approche adoptée est une approche « d'exploitation ». Attention aux écarts dans les comptes consolidés. ■

(25,37 %) et Lloyds TSB (23,79 %) occupent les trois premières marches du podium. Parmi les françaises, la Société générale, avec 16,48 %, devance Dexia (16,37 %) et BNP-Paribas (14,28 %) ; les deux premières sont donc au-dessus du seuil mythique des 15 %, et la troisième, au 35e rang, est immédiatement derrière.

Soit un taux légèrement inférieur à la moyenne des entreprises du CAC 40, qui ont réalisé en 2004 un ROE en moyenne supérieur à 15 % (15,4 % exactement), ce qui devrait être encore le cas en 2005 et 2006 si l'on en croit les prévisions de Jacques Chahine Finance : le broker anticipe 15,6 % en 2005 et 15,3 % en 2006. C'est clair : en dépit d'une conjoncture morose, en Europe continentale en tout cas, aucun investisseur n'imagine plus voir le rendement des fonds propres des entreprises descendre au-dessous du seuil des fameux 15 %. La pression à la hausse des ROE ne se dément pas. Les attentes évoluent plus que jamais à des niveaux élevés, voire très élevés, surtout si on les compare aux taux d'intérêt à long terme.

Des niveaux de rendement des fonds propres qui impliquent des risques cachés

Le débat autour du niveau de ROE exigé par les investisseurs a émergé il y a quelques années déjà, mais il prend une dimension nouvelle dans un monde où les taux d'intérêt restent très bas : comment, en effet, peut-on obtenir durablement de tels niveaux de rendement des fonds propres quand les taux d'intérêt à long terme sur les actifs sans risque (emprunts d'État) ne décollent pas des 4 % ? En clair, cela signifie qu'une entreprise qui affiche un rendement de 20 % de ses fonds propres verse une prime de risque implicite de 16 % (l'excès de rendement) pour le coût de son capital, soit une prime bien supérieure aux primes de risque actions habituelles. Et c'est bien là le problème.

Une des méthodes utilisées par les dirigeants d'entreprise pour accroître le rendement des fonds propres est, comme on l'a vu, de ne pas distribuer aux salariés les gains de productivité [2]. C'est ce que l'on a observé dès les

2 Voir *supra*, chapitre 2.

années 1990 au Japon, depuis le début des années 2000 aux États-Unis et en Allemagne et depuis 2003 en France, avec une croissance de la productivité plus forte que celle du salaire réel.

Il existe d'autres moyens pour une entreprise de doper le rendement de ses fonds propres, mais il faut en général que des conditions bien précises soient réunies. Théoriquement, verser un tel niveau de prime de risque (16 % dans notre exemple) n'est en effet possible que dans un nombre de cas limité. Et en général pour une période transitoire. Par exemple, à l'occasion de l'introduction de nouvelles technologies, de la mise en place de mesures de rationalisation importantes ou de la réalisation de gains de productivité élevés. Les trois allant souvent de pair. C'est le phénomène que l'on a observé aux États-Unis dans la seconde moitié de la décennie 1990, période où l'Amérique a investi massivement dans les nouvelles technologies. Cela a incontestablement profité à la croissance américaine dans son ensemble avec la remontée parallèle des profits, de l'investissement et des gains de productivité, et dopé la rentabilité d'un certain nombre d'entreprises.

Une entreprise peut également « soigner » son ROE lorsqu'elle est en situation de s'approprier la rente (de monopole ou d'oligopole), parce qu'elle peut alors fixer ses prix un peu comme elle l'entend, ce qui est en général le cas dans les pays où la concurrence sur les marchés des biens et services est faible (France, Allemagne, pays du sud de l'Europe), comme le montre l'indicateur de réglementation des marchés de biens de l'OCDE. Sur leur échelle graduée de 0 à 6 [3], les experts du Château de la

3 Voir *supra*, chapitre 3.

Muette montrent qu'à la fin des années 1990 l'Italie se situait à 4,3, la France à 3,9, l'Espagne à 3,2 et l'Allemagne à 2,4, quand les États-Unis étaient à 1,4 et le Royaume-Uni à 1. Cela signifie concrètement que, délocalisations ou pas, les entreprises italiennes, françaises ou espagnoles cèdent à la tentation, dans certains secteurs, de ne pas répercuter ou de répercuter en partie seulement les baisses de coûts dans leurs prix de vente.

Avec une note de 3,9, la France, on l'a vu, n'est pas le pays du Vieux Continent le plus ouvert à la concurrence. En juin 2005, le Fonds monétaire international accusait même franchement le système bancaire français de ne pas avoir réellement répercuté la baisse du prix de l'argent initiée par la Banque centrale européenne[4]... Selon le FMI, l'écart n'a cessé de s'élargir entre les taux de crédit à la consommation et les conditions de refinancement bancaire, durant toute la phase de baisse des taux de la BCE, de 2000 à 2003. D'où un déficit de croissance de la consommation que le FMI chiffre à 3,75 % sur la période. En revanche, le niveau de ROE des grandes institutions financières françaises doit beaucoup à une approche plutôt « conservatrice » de la baisse des prix... De la même manière, on l'a vu, que les grands opérateurs français de téléphonie mobile soignent leurs ROE à coups de centimes d'euro sur le prix des SMS (entre autres)...

Enfin, dernière explication, et c'est sur celle-ci que nous voulons insister maintenant, un retour sur fonds propres élevé correspond, fort logiquement, à une prise de risque tout aussi élevée. Si l'on part de l'hypothèse de

---

4 Note technique sur le système bancaire et financier français, FMI, juin 2005.

marchés financiers parfaits, telle est même la définition d'une prime de risque sur les actifs des entreprises (16 % dans notre exemple). La « prime de risque actions » compense normalement le risque de variabilité des cours boursiers à court terme. On sait que celle-ci évolue habituellement entre 4 % et 6 %. Mais si une entreprise rémunère ses fonds propres 10 % à 12 % de plus (dans notre exemple), il faut en conclure qu'elle a pris des risques d'une autre nature...

Autrement dit, des risques exceptionnels, des risques « catastrophiques » comme par exemple une (ou des) acquisition(s) hasardeuse(s) et/ou un surendettement pouvant mettre l'entreprise en difficulté en cas de retournement de l'activité... Voire, dans le secteur financier, une prise de risque excessive dans les opérations de *trading* pour compte propre. Alors, le danger est évidemment que les investisseurs ne soient pas conscients de l'existence de risques « catastrophiques » cachés, à moins qu'ils soient suffisamment friands de rendements élevés pour éviter de se poser davantage de questions sur leurs fondements réels.

Scandales financiers et P-DG éjectables

C'est sans doute à cette dernière « méthode » pour doper le rendement des fonds propres qu'on doit le boom incroyable de l'endettement des entreprises américaines et européennes pendant les années 1990, et surtout pendant la « bulle Internet » (la dette des entreprises a alors grimpé aux alentours de 85 % du PIB en Allemagne, 70 % en France et 45 % aux États-Unis). On se souvient que l'explosion de cette « bulle » fut suivie d'une explosion tout aussi violente des « défauts » avant que les firmes n'entreprennent le grand désendettement : de fait, en Europe, le « taux de défaut[5] » des obligations d'entreprises a littéralement explosé à cette époque, passant même le seuil des 20 % dans les années 2002-2003 (10 % aux États-Unis), alors qu'il est en temps normal de l'ordre de 2 % à 3 %. Pendant cette période, certaines entreprises n'ont pas hésité à utiliser des moyens que la légalité réprouve pour maintenir coûte que coûte le niveau de rendement de leur capital et continuer à attirer les investisseurs : comptabilité truquée et autres dettes cachées...

Tous les grands scandales financiers du début du XXIe siècle se sont noués au moment de la vague Internet, pour éclater une fois la mer retirée. Quelques semaines après la faillite en décembre 2003 de l'italien Parmalat, un auditeur indépendant a ainsi montré que la firme agroalimentaire laissait une dette nette de 14,3 milliards d'euros (pour 1,8 officiellement affiché), après plus de dix ans de manipulation des comptes... De même, les comptes truqués de l'opérateur américain WorldCom, ex-star de la bulle Internet, là encore pour une bonne dizaine de milliards de dollars, ont coûté une fortune à ses actionnaires, plusieurs centaines de millions de dollars d'épargne placée en actions WorldCom à ses salariés et déjà (tout n'était pas encore terminé à la mi-2005) quelque 6 milliards de dollars à ses banquiers. Tout comme la faillite frauduleuse d'Enron en 2001 avait coûté quelque

5 C'est-à-dire, dans le jargon financier, le pourcentage des entreprises qui cessent leur activité ou déposent leur bilan.

40 milliards de dollars à ses 50 000 actionnaires, qui n'en récupéreront qu'une partie...

Modèles économiques absurdes, comptes truqués, endettements cachés sous le tapis, patrons très médiatiques mais pour certains aussi très corrompus, le tout encouragé par Wall Street... Confrontés à de telles dérives, les organes de contrôle et de régulation ne pouvaient décemment rester les bras croisés. Ils ont donc mis en place en grande hâte de nouvelles règles destinées à améliorer la gouvernance financière des entreprises. C'est ce qui fut fait, en particulier aux États-Unis : votée au cours de l'été 2002, la loi Sarbanes-Oxley a profondément bouleversé les règles de fonctionnement du « gouvernement d'entreprise » américain (voir encadré). Avec cette loi (et divers accords passés avec les professions concernées), les États-Unis disposent désormais d'un cadre réglementaire plus strict assorti de sanctions précises en cas de violation de la loi (jusqu'à vingt ans de prison pour présentation de faux bilans, par exemple). Mais il s'agit d'éviter et de sanctionner les fraudes, en aucun cas de modifier ce qui a pu les motiver. Là encore, donc, on préfère traiter les symptômes plutôt que les origines du mal.

Sans aller jusqu'à ces cas, limités, de dérive frauduleuse, tout pousse aujourd'hui les dirigeants à jouer le rendement maximal du capital. Tout les incite à dégager des résultats aussi élevés que possible, le plus vite possible : les pratiques de présentation des résultats trimestriels, les nouvelles normes comptables, et même la « durée de vie » – de plus en plus courte – de leur propre mandat. La pression est énorme. Le nombre de dirigeants démis de leurs fonctions par leurs actionnaires pour leurs

Les principales mesures de la loi Sarbanes-Oxley

■ Fruit de l'initiative des sénateurs Paul Sarbanes (républicain) et Mike Oxley (démocrate), le *Sarbanes-Oxley Act*, adopté par le Congrès américain le 30 juillet 2002, a établi notamment les mesures suivantes en matière de « gouvernement d'entreprise » :

– création d'un nouvel organe de régulation, le Public Company Accounting Oversight Board (PCAOB), composé de cinq membres (dont deux experts-comptables au plus) et chargé de la surveillance des auditeurs (établissement des règles et standards de la profession et inspection des sociétés d'audit) ;

– obligation faite aux CEO/CFOs (P-DG et directeurs financiers) de certifier sous serment leurs rapports financiers ;

– création d'un nouveau crime financier pour « usage de tout moyen ou artifice visant à tromper l'actionnaire » ;

– interdiction faite aux firmes d'audit d'offrir une large gamme de consultations aux entreprises dont elles certifient les comptes ;

– rotation des auditeurs tous les cinq ans ;

– interdiction aux dirigeants d'entreprise de recevoir des prêts avantageux de leurs entreprises ;

– interdiction aux banques d'affaires de « punir » les analystes qui critiqueraient les clients de leur firme ;

– obligation aux juristes d'entreprise de rapporter tout acte illégal au management ou au comité d'audit ;

– établissement de nouvelles protections pour ceux qui dénonceraient des pratiques frauduleuses en entreprise (*corporate whistle-blowers*) ;

– soumission des auditeurs de toute firme non américaine cotée aux États-Unis à la supervision du PCAOB.

Après le vote de la loi, un certain nombre d'entreprises européennes ont émis le souhait de ne plus être cotées aux États-Unis (être « délistées »), en raison des dispositions extraterritoriales de la loi. L'une des mesures qui n'enchantent pas les Européens est l'obligation de signature du CEO et des auditeurs sur l'efficacité de leurs contrôles internes (section 404). En outre, en raison des contraintes qu'elle impose en matière de normes et d'obligations diverses, il est devenu très coûteux pour une entreprise d'être cotée aux États-Unis. Néanmoins, il n'est pas si facile de sortir du marché américain, car la loi de 1934 oblige les entreprises qui se retirent à se soumettre aux mêmes obligations de communication auprès de la SEC (Securities and Exchange Commission, la commission des opérations de Bourse américaine) tant qu'il reste au moins trois cents actionnaires américains.

William Donaldson, le président de la SEC, a toutefois fait savoir en janvier 2005 que l'autorité de contrôle réfléchissait à une solution pour que les entreprises puissent sortir du marché américain sans trop de difficultés. Il a par ailleurs demandé à son équipe de réfléchir à la possibilité de retarder de quelques mois (la date du 15 juillet 2005 avait été annoncée) l'obligation de signature par le CEO et les auditeurs. Enfin, plus globalement, la SEC réfléchit à assouplir les règles pour les entreprises européennes déjà actuellement mobilisées par le chantier des nouvelles règles comptables IFRS (voir *infra*, chapitre 6). Début mars 2005, la SEC a d'ailleurs annoncé que les entreprises étrangères disposeraient d'un délai d'un an supplémentaire pour se conformer aux nouvelles règles. ■

résultats « insuffisants » ne cesse en effet de croître. Selon le cabinet de conseil américain Booz Allen Hamilton, sur les 2 500 plus grandes entreprises mondiales, 354 ont changé de patron en 2004, dont 111 ont été tout simplement remerciés[6]. Les auteurs estiment que « les entreprises sont entrées dans une ère de CEO [*chief executive officer*, l'équivalent du P-DG ou du président du directoire français] éphémères, dont le mandat se situe maintenant autour de 6,6 ans, alors qu'il avoisinait les 9 ans en 1995 ».

Une curiosité : l'étude montre aussi qu'il est encore plus risqué d'être P-DG en Europe qu'aux États-Unis, avec un taux élevé de départs forcés, « 42 % contre 31 % seulement aux États-Unis ». En outre, en Europe, la durée moyenne des mandats des CEO limogés n'excède pas 2,5 années (contre 5,2 aux États-Unis). Une durée bien courte pour faire ses preuves... Pourquoi cette « exception européenne » ? Sans doute parce que la croissance étant plus faible sur le Vieux Continent, la rentabilité des entreprises y est plus faible et la tentation des actionnaires de sanctionner le P-DG plus grande. Toujours les fameux 15 %...

Voilà pourquoi, bien que largement désendettés aujourd'hui (la dette globale des entreprises du CAC 40 est tombée de 240 milliards d'euros à fin 2001 à moins de 150 milliards en 2005), les grands groupes sont *in fine* encouragés à abandonner un certain nombre de projets de développement ou de recherche dont la rentabilité est

---

6 *CEO, la fin d'une ère. Étude sur le renouvellement des CEO des 2 500 plus grandes entreprises mondiales*, Booz Allen Hamilton, New York, mai 2005.

jugée trop faible au regard des exigences actuelles, et qui se seraient réalisés si la norme de rentabilité était raisonnable – quand ils ne sont pas incités à délocaliser en hâte telle ou telle production vers des pays à coûts salariaux faibles… Ou pire encore, pour rester dans les bonnes grâces des analystes et des investisseurs, à prendre des risques inconsidérés qui pourront se révéler dangereux plus tard.

Un objectif de rendement des fonds propres excessif produit en effet naturellement des biais de comportement peu favorables à l'économie en général et pénalisants à moyen terme pour les entreprises elles-mêmes (et donc pour leurs actionnaires comme pour leurs salariés) : en vrac, la recherche de marges bénéficiaires anormales, la déformation du partage des revenus au détriment des salaires, la réduction des fonds propres par la multiplication des rachats d'actions, le sous-investissement et l'allergie aux projets à horizon long.

On ne le répétera jamais assez : cette évolution du capitalisme vers la « production » de profits qui ne suscitent ni investissements rentables ni revenus consommables est inquiétante. Certes, depuis l'été 2005, quelques grands groupes (comme, en France, Pernod-Ricard, France Télécom, Saint-Gobain ou Suez) reviennent sur le terrain des fusions-acquisitions avec une plus grande détermination, car leurs actionnaires commencent à leur demander de trouver des « relais de croissance ». Mais c'est le niveau des investissements en capacités de production qui reste déterminant (les opérations de fusions-acquisitions ne font que déplacer le cash d'une entreprise à l'autre), et celui-ci reste insuffisant pour assurer l'avenir.

Disons-le franchement : il est stupide – et à terme illusoire – de vouloir stimuler le rendement du capital par une course irraisonnée au ROE. Pourtant, les gérants de fonds non seulement continuent à mettre la pression sur les entreprises, mais s'adonnent également à des pratiques de gestion de plus en plus risquées pour faire face à la concurrence acharnée qu'ils se livrent entre eux. Un œil rivé sur leur propre performance mensuelle, l'autre sur celle de leur voisin... Quitte à tous se jeter tête baissée au même moment sur les mêmes « actifs » et à déstabiliser entreprises, marchés et économies. Une seconde dérive qui pourrait bien faire du dégât au moment où la planète croule sous une montagne d'argent qui ne demande qu'à s'investir.

5

La quête désespérée du rendement

Sur les marchés financiers, l'argent coule donc à flots. Partout dans le monde, l'existence de ces montagnes d'argent bon marché fait figure de véritable pousse-au-crime pour des investisseurs qui n'ont toujours pas étanché leur soif de rendements. Une situation dont on n'a peut-être pas encore mesuré tous les dangers.

Le « mimétisme rationnel » des investisseurs

Aussi étonnant que cela paraisse, les investisseurs ne sont pas en effet complètement guéris de ce que l'on pourrait appeler le « syndrome de la myopie nominale ». Dans un passé qui n'est pas si lointain, l'inflation était tellement forte que les taux d'intérêt à long terme affichés (nominaux) caracolaient eux aussi à des niveaux élevés : encore 12 % à 13 % en Italie comme en Espagne au milieu des années 1990, par exemple. Et aujourd'hui, alors que le taux d'inflation est très faible, certains investisseurs continuent – même inconsciemment – à raisonner en termes de rendements nominaux plutôt que de rendements réels (différence entre un taux d'intérêt nominal et le taux d'inflation), essayant de retrouver les niveaux de rendement affichés autrefois.

En outre, beaucoup sont encore, même de manière subliminale, sous l'influence des effets de la bulle Internet qui, dans la seconde moitié des années 1990, avaient démesurément gonflé le rendement des actions, surtout celles des firmes du secteur des nouvelles technologies : à la fin des années 1990, les rendements atteignant 100 % sur un an n'étaient pas rares ! Le Nasdaq, indice phare des valeurs technologiques américaines, par exemple, a été multiplié par quatre entre la fin 1998 et mars 2000 ; et, en Europe, l'EuroStoxx IT a suivi le même chemin. Une drogue (plus ou moins) douce dont la plupart ont aujourd'hui du mal à se passer…

Enfin, tous, fonds de pension, fonds d'investissement et autres sociétés d'assurance vie, se livrent une concurrence acharnée pour la conquête des parts de marché. Voilà pourquoi la troisième « dérive » que nous observons (après la déformation du « partage » et la course au rendement du capital) est liée à ce que nous appellerons le « mimétisme rationnel » des investisseurs. Et ce n'est pas la moins inquiétante. On observe en effet une simultanéité des décisions, des prises de position des différents investisseurs, qui conduit à ce que certains prix d'actifs montent ou baissent brutalement parce que les investisseurs achètent ou vendent simultanément les actifs correspondants. Un phénomène qui amplifie sensiblement les effets de la course au rendement. Or, nous sommes désormais solidement installés dans ce système où les grands gérants professionnels, qui s'empressent d'acheter et de vendre les mêmes actifs au même moment, « font » le marché.

La légende du petit actionnaire, héros de la démocratie économique, inventée par l'honorable G. Keith Funston, président de la Bourse de New York dans les années 1950, ne sera bientôt plus en effet qu'un lointain souvenir. L'*intermédiation croissante* de la gestion de l'épargne a profondément marqué l'évolution des vingt dernières années sur les marchés financiers : on est passé progressivement d'une détention individuelle des actifs financiers (actions, obligations) à une détention « intermédiée » par des gérants professionnels (fonds d'investissement, fonds de pension, sociétés d'assurance...). La force des gestions collectives est venue progressivement se substituer à l'émiettement antérieur des porteurs individuels de valeurs mobilières. Comme toujours en matière de marchés financiers, les États-Unis sont à la pointe de cette (r)évolution : de l'autre côté de l'Atlantique, on ne saura bientôt plus ce que l'expression « petit porteur » veut dire ; 40 % de l'actif financier des ménages américains sont déjà investis en fonds de pension, fonds mutuels, assurance vie, soit deux fois plus qu'en 1980.

Or, le comportement d'un gérant professionnel n'a rien à voir avec celui d'un individu qui gère lui-même son patrimoine. La personne individuelle dispose d'une somme donnée à investir. Elle va la répartir entre différents types d'actifs (actions, obligations, immobilier, liquidités...) en fonction des caractéristiques de rendement anticipé, de son appréciation des risques des différents actifs par rapport à sa plus ou moins grande aversion au risque. Les individus étant de ce point de vue divers, ils investissent dans des portefeuilles différents les uns des autres. Cette hétérogénéité des choix d'investissement est fondamentalement stabilisante : à certaines époques, certains épargnants sont acheteurs d'une classe d'actifs particulière quand d'autres en sont vendeurs, ce qui limite les variations des prix d'équilibre de ces actifs.

Le gérant professionnel, au contraire, n'a pas pour objectif la gestion optimale d'un patrimoine donné, mais la maximisation de sa part de marché dans la gestion globale de l'épargne (ou d'un segment d'épargne : assurance vie, fonds d'investissement en actions, épargne retraite...). Ce qui n'a rien à voir. Et le conduit à des comportements d'investissement tout à fait différents, fondés en particulier sur la comparaison permanente des performances : pour reprendre le jargon des professionnels, on se « benchmarke » (le *benchmark* est un indice de référence que l'on utilise pour juger de la performance d'un titre ou d'un portefeuille) en temps réel. C'est la priorité absolue. Celle qui transcende tous les autres objectifs.

Cette bagarre pour la part de marché a un impact décisif sur le fonctionnement du système : elle pousse les gérants à pénaliser fortement tout rendement inférieur à la moyenne de ceux obtenus par les autres gérants. Un rendement faible par rapport à cette moyenne débouchera en effet automatiquement sur des pertes importantes de parts de marché, avec pour le gérant des conséquences sans commune mesure avec celles que provoquerait, dans l'autre sens, le gain éventuel associé à la « surperformance ». Dans cet univers, les professionnels sont donc incités à éviter absolument tout risque de décrochage, même minime, de leur rendement par rapport au rendement moyen des autres gérants, ce qui conduit évidemment à pénaliser les écarts dans la composition du portefeuille d'actifs par rapport à la composition moyenne des portefeuilles de l'ensemble des gérants du même type.

Il ne s'agit pas là d'un mimétisme « bête » (ce n'est pas parce qu'ils sont à court d'idées que les gérants se copient) ni d'un mimétisme myope, lié à l'absence d'information. C'est au contraire le mimétisme le plus intelligent qui soit (on le qualifiera donc de « rationnel ») : dans un monde où les gestionnaires sont en concurrence pour la part de marché à un horizon très court, il est parfaitement rationnel de copier ce que fait son voisin... Tout autre comportement serait même suicidaire. Les conséquences de cette organisation du marché de la gestion sont claires : les investisseurs sont incités à construire des structures de portefeuille qui se ressemblent toutes.

Ils y sont en outre encouragés par le comportement des analystes financiers. En dépit de l'entrée en vigueur de nouvelles règles (loi Sarbanes-Oxley) censées dissocier désormais totalement la recherche (autrement dit l'analyse des sociétés) et la banque d'investissement (la direction des émissions d'actions et d'obligations des entreprises, les opérations de fusions-acquisitions), on continue d'observer parmi les analystes un grand consensus sur les performances des entreprises qu'ils étudient, auxquelles ils sont en général favorables. Ce que les investisseurs attendent d'abord des analystes, en effet, c'est d'organiser des rencontres entre eux et les dirigeants des firmes dans lesquelles ils investissent ; or l'organisation de telles rencontres est évidemment plus facile si l'analyste a exprimé un jugement favorable sur l'entreprise concernée... Symptôme que le rôle des analystes financiers n'est pas celui qu'il devrait être notamment, en France, l'Autorité des marchés financiers (AMF) elle-même a rendu public en juillet 2005 un rapport au ton fort politiquement correct [1], mais dont les conclusions sont sans ambiguïté : dans le contexte de bulle financière qui a caractérisé la fin des années 1990, les analystes ont subi une forte pression de la part des investisseurs. « Cette pression, souligne le rapport, tend à contraindre les analystes à ne pas s'écarter des anticipations du marché et à adopter de ce fait un horizon de très court terme. » Le développement de la « gestion indicielle » pendant cette période a renforcé le mouvement : aujourd'hui, 20 % des fonds en Europe sont de type indiciel [2], et encore ce chiffre n'inclut-il pas la gestion « benchmarkée ».

L'analyse approfondie des recommandations formulées par les analystes sur les sociétés composant le CAC 40 sur la période janvier 2000-avril 2005 est instructive : en règle générale, sur l'ensemble de la période, les consensus sont dans les deux tiers des cas orientés à

---

1 AUTORITÉ DES MARCHÉS FINANCIERS, *Pour un nouvel essor de l'analyse financière indépendante sur le marché français*, groupe de travail présidé par Jean de Demandolx Dedons, Paris, juillet 2005.

2 C'est-à-dire qu'ils calquent, de façon passive, la composition de leurs portefeuilles d'actions (Sicav ou fonds commun de placement) sur celles des indices boursiers (CAC 40, FTSE 100, EuroStoxx 50, Dow Jones, MSCI World, Nasdaq, etc.) : ainsi, les fonds indiciels dont l'indice de référence est le CAC 40 sont composés des quarante valeurs du CAC 40 (au prorata de leur pondération dans l'indice). Les fonds indiciels présentent en général l'avantage d'une forte liquidité (ils peuvent être achetés ou revendus à très court terme).

l'achat (contre « conserver » pour le tiers restant). Mieux, lorsque les cours de Bourse sont au plus haut, ils sont – dans la quasi-totalité des cas – orientés à l'achat (trente-quatre sociétés sur trente-huit étudiées, contre quatre consensus « conserver ») et offrent une grande inertie : le consensus ne se dégrade en moyenne que plus d'un an après le point haut. En conclusion, l'étude estime que « l'analyse a participé aux errements du marché à l'occasion de la bulle financière. Elle a eu, dans des cas non négligeables, un caractère systématiquement procyclique [3] dans son jugement global sur les marchés et dans ses recommandations individuelles sur les valeurs ». (Le même phénomène a été observé aux États-Unis, comme l'a montré une étude de Zacks Investment [4] qui a relevé qu'en 2000, au moment de l'éclatement de la bulle, 95 % des valeurs du Standard & Poor's 500 ne faisaient l'objet d'aucune recommandation à la vente.)

Fort de ce constat, le groupe de travail recommande le retour à l'« esprit » d'une analyse financière indépendante, ce qui suppose entre autres « le retour à des stratégies de gestion d'actifs à plus grande valeur ajoutée, moins fondées sur le suivi passif d'indices ou de *benchmarks*, mais qui fassent plus souvent appel à une valorisation fondamentale des entreprises ». Autrement dit, les gérants ont les analystes qu'ils méritent et... réciproquement.

Cette similitude des recommandations et des décisions d'investissement constitue un facteur de

---

3 C'est-à-dire qui accentue les évolutions, à la hausse ou à la baisse, du marché.

4 Réalisée pour le *Wall Street Journal* du 11 avril 2005.

déstabilisation des marchés, d'augmentation des prix d'équilibre, à l'inverse de l'hétérogénéité qui caractérise la détention directe par les épargnants d'actifs financiers. Si tous les gérants achètent ou vendent simultanément le même actif, la variation du prix d'équilibre de cet actif sera forcément considérable. Poussons le raisonnement à l'extrême, et tout se passe comme s'il ne restait plus que l'équivalent d'un seul investisseur... Lorsqu'il achète un actif, le prix de celui-ci tend vers l'infini ; quand il le vend, son prix tend vers zéro !

Les ravages du mimétisme : le cas de la crise asiatique de 1997-1998

Les effets de ce mimétisme ont été étudiés de manière approfondie après la crise économique des pays émergents de 1997-1998. Cette crise mérite que l'on s'y arrête, car elle a montré à quel point les dégâts causés par les comportements mimétiques des investisseurs pouvaient aller bien au-delà des prix des actifs financiers, des taux de change et des flux de capitaux.

Après une période marquée par une sous-évaluation manifeste du risque par les investisseurs internationaux, et caractérisée notamment par des écarts anormalement faibles entre la rémunération des titres obligataires en dollars de certains pays émergents et les titres américains de même nature, la crise a débuté pendant l'été 1997, pour des raisons aujourd'hui tout à fait claires : régimes de change inadaptés qui ont fini par déboucher sur des niveaux de taux de change réels insoutenables compte tenu des déficits des transactions courantes accumulés ;

difficultés à absorber des flux de capitaux à court terme considérables, aimantés par des perspectives de rendement élevé mais finançant des investissements à la rentabilité de plus en plus précaire ; maîtrise insuffisante du risque bancaire dans un contexte de garantie implicite (ou perçue comme telle) de la part des autorités de régulation...

C'est en Thaïlande que les pressions furent d'emblée les plus fortes, la fragilité du secteur financier ayant renforcé les doutes quant à la viabilité du régime de change de la monnaie nationale, le bath. À partir de mai 1997, le bath est de plus en plus vigoureusement attaqué. À tel point que, le 2 juillet, les autorités monétaires renonceront à défendre la parité fixe. La crise se propage vite dans la région, en Indonésie, en Malaisie, aux Philippines, notamment. Après s'être rué sur tout ce qui s'achète dans cette partie du monde, les différents fonds de pension et autres fonds d'investissement s'en retirent alors brutalement, y compris des pays où aucun déséquilibre macroéconomique fondamental n'est apparu. Le mouvement provoque une hémorragie brutale des capitaux à court terme, assortie d'une dépréciation tout aussi brutale du change et d'une chute vertigineuse des actifs financiers. L'épidémie ne tardera pas à contaminer les économies coréenne, japonaise puis russe. Sans oublier celles d'Amérique latine. Avec, à l'épicentre du séisme, l'avidité des investisseurs prêts, au nom du sacro-saint rendement, à acheter des titres de firmes brésiliennes dont ils n'avaient jamais entendu parler ou des emprunts de régions russes qu'ils auraient été bien incapables de situer sur la carte, et de préférence à la manière du troupeau qui court à bride abattue vers la falaise...

Les fluctuations violentes des cours boursiers ou des taux de change sont évidemment très déstabilisantes. Mais les conséquences négatives de ces fluctuations ne sont rien comparées aux autres effets du mimétisme (afflux puis reflux général des capitaux étrangers investis dans les pays émergents). Les dommages collatéraux provoqués par les *sudden stops* (arrêts brutaux) des financements étrangers ont été particulièrement manifestes durant cette crise de 1997-1998 en Asie.

Il s'agissait pour l'essentiel de prêts à court terme et de capitaux interbancaires. Avant la crise, leurs entrées (attirées par la hausse des rendements dans ces pays et la fixité des parités de change vis-à-vis du dollar) provoquent l'apparition d'un excès de liquidité, qui lui-même engendre une distribution extravagante de crédit, puisque les entrées de capitaux alimentent la liquidité bancaire et poussent les banques à accroître leur offre sans prendre garde aux risques des emprunteurs. En Thaïlande, par exemple, le crédit domestique a doublé en cinq ans, passant de quelque 65 % à 130 % du PIB. Lorsque le sentiment sur la solidité, la solvabilité, la capacité à maintenir la fixité des changes des pays émergents s'inverse, en raison du « mimétisme rationnel », toutes ces lignes de crédit à court terme sont coupées ; les lignes internationales interbancaires des banques des pays émergents aussi. La crise de change se transforme en crise de liquidité et en crise bancaire ; leurs prêts étant de maturité plus longue que leurs ressources, elles ne peuvent pas récupérer sous forme de liquidités la valeur de leurs actifs, et font défaut par incapacité à répondre à la demande de retraits qu'elles reçoivent (les banques coréennes seront nationalisées de fait, 70 % des banques thaïlandaises ou indonésiennes disparaîtront).

Puisque les capitaux internationaux sortent du pays et que les réserves de change se vident, l'équilibre des balances des paiements impose le passage à un important excédent de la balance courante (la balance commerciale). C'est ce que l'on a appelé le « retournement des balances courantes » (*current account reversal*). En général, il est provoqué par une violente dépréciation du taux de change, autrement dit une puissante dévaluation de la monnaie. En un an, de l'été 1997 à l'été 1998, le bath thaïlandais va ainsi perdre quelque 50 % de sa valeur contre le dollar ; la roupie indonésienne 70 %. Il s'agit d'un processus d'appauvrissement violent des résidents de ces pays : les prix des importations montent fortement avec la dépréciation du change (en Thaïlande, la dévaluation a fait quadrupler le prix de certains médicaments), le pouvoir d'achat chute, la plupart des familles réduisent leur consommation, et la balance commerciale s'améliore. La nécessité de dégager un excédent commercial après le retrait généralisé des capitaux étrangers appauvrit considérablement les pays émergents (Corée, Thaïlande, Russie dans nos exemples), au moins dans un premier temps. La secousse est terrible sur le plan social. À la fin de 1998, la Fédération des syndicats indonésiens chiffrait à 40 millions le nombre de chômeurs, soit... 44 % de la population active.

Cette crise gravissime montre clairement la nature procyclique et non contracyclique des flux de capitaux étrangers vers les pays émergents. Quand l'économie va bien, les investisseurs sont optimistes quant aux rendements à obtenir dans un pays. Le mimétisme les pousse à y investir simultanément, d'où des entrées excessives de capitaux qui stimulent encore le crédit et la croissance. Quand les anticipations se retournent, les investisseurs retirent simultanément leurs prêts et leurs investissements, ce qui déclenche une crise bancaire, une crise de liquidité, qui conduit au rationnement du crédit et amplifie la récession. À la lumière de la crise des pays émergents de la fin de la décennie 1990 et de toutes les études approfondies qui ont été menées sur leurs effets, on sait aussi précisément jusqu'où peuvent conduire le mimétisme rationnel et la course au rendement à court terme : la déstabilisation économique et sociale en chaîne de nombreux pays.

Des banques centrales irresponsables

Nous voulons à ce stade mettre en avant deux points complémentaires : d'une part, ces mécanismes, ces enchaînements ne sont possibles qu'avec la « complicité » des banques centrales ; d'autre part, ils se terminent en général en catastrophe économique et financière, comme le montre l'exemple du Japon.

La création des « bulles » spéculatives, qu'il s'agisse de la hausse des cours boursiers (dans la seconde moitié des années 1990) et des prix de l'immobilier (dans de nombreux pays dans la période récente), ou de la croissance rapide des crédits (comme au Japon, dans la seconde moitié des années 1980), vient assurément du mimétisme des investisseurs, qui entraînent les épargnants individuels dans leur sillage. Mais elle vient aussi du comportement des banques centrales, qui ont laissé ces bulles grossir sans réagir, et les taux d'endettement liés aux achats simultanés des actifs concernés augmenter rapidement.

Sans la « complicité », la « permissivité » des banques centrales, le mimétisme rationnel des investisseurs n'aurait pas pu pousser aussi haut le prix des actifs. Les conséquences de cette évolution peuvent être catastrophiques. Dans le cas du Japon, avec le petit supplément d'inflation au début des années 1990, la remontée des taux d'intérêt par la banque centrale a ainsi provoqué un effondrement des prix des actifs (l'explosion de la bulle), et quinze ans au moins de croissance faible, de stagnation des salaires, de désendettement des entreprises. Les conséquences néfastes de l'incompétence des banques centrales viennent donc s'ajouter à celles du comportement des gérants professionnels.

C'est toutefois la crise des pays émergents de la fin des années 1990 qui fut la première grosse alerte ayant mis en lumière les ravages que peut causer la conjonction du mimétisme des investisseurs et de l'irresponsabilité des banques centrales. Mais il y aurait bien d'autres exemples. C'est ainsi, d'après nous, qu'il faut interpréter les « ruées » périodiques des investisseurs vers certains actifs, même manifestement surévalués, comme leurs refus, dans d'autres cas, d'investir dans des actifs sous-évalués.

Dans le premier groupe, il faut citer l'exemple des actions des sociétés des nouvelles technologies durant la seconde moitié des années 1990 ; ou encore l'appréciation forte, en 2004, des devises des pays d'Europe centrale et l'envolée, en 2003 et 2004, des Bourses des pays émergents. Dans le second, celui des actions européennes aujourd'hui, que les investisseurs persistent à bouder – même s'il y a eu un mini-mouvement de rattrapage depuis le début 2005 – en dépit d'un niveau de valorisation anormalement bas (le *price earning ratio* moyen des sociétés de l'indice EuroStoxx 50 ne dépasse pas 13, quand celui du Standard & Poor's 500 est à 18 [5]). Ou encore, autre cas de prudence mimétique, le déplacement massif des placements des « investisseurs institutionnels » des actions vers les obligations, que l'on a pu observer de 2000 à 2004 aux États-Unis, dans la zone euro et au Japon. Avec, dans tous les cas, la toujours même obsession du rendement...

Or, il y a désormais un élément nouveau à prendre en compte : le fait que l'économie mondiale est probablement entrée, et pour longtemps, dans une période de rendements faibles pour les actifs financiers que l'on pourrait qualifier de « normaux ». En dépit de la hausse des prix du pétrole et des autres matières premières (entre janvier 2004 et août 2005, le prix du pétrole a doublé), l'inflation mondiale reste extrêmement modérée en raison de la pression que la concurrence (domestique et en provenance des pays émergents) exerce sur les prix dans les pays développés. Après avoir progressé de 3,5 % chaque année en moyenne sur la période 1987-1996 dans les pays développés, les prix à la consommation augmenteront de 1,8 % par an seulement entre 1997 et 2006. Il s'agit là sans doute d'une vraie rupture avec ce que l'on a pu observer dans le passé.

---

5 Le *price earning ratio* (PER) est un indice permettant (en principe) d'évaluer la valeur d'une société en fonction des profits dégagés par son activité : pour une société cotée en Bourse, c'est ainsi le rapport entre le cours d'une action de son capital et son bénéfice (après impôts) par action.

Avec cette faible inflation, la politique monétaire mondiale reste très expansionniste, à la fois en raison de la nécessité de stimuler l'activité (faible croissance en zone euro comme au Japon) et de stabiliser la parité du dollar *via* les interventions de change des banques centrales, interventions qui contribuent aussi à la création monétaire mondiale : depuis 2003, la « base monétaire[6] » mondiale augmente de 15 % à 20 % l'an. Une tendance qui ne pourra se maintenir dans le long terme alors que le PIB mondial augmente pratiquement trois fois moins vite. Mais bien malin qui saurait prédire quand elle s'inversera... En attendant, les rendements obligataires devraient rester modestes pendant un certain temps encore (de 1,25 % l'an au Japon jusqu'à 4,5 % aux États-Unis ou au Royaume-Uni), et les rendements boursiers s'aligner, avec la présence de la prime de risque habituelle sur les actions, de 5 % à 6 % l'an. Comment, dans un tel contexte, aller chercher des rendements annuels du capital de 15 % ou 20 %, voire plus ?

La dangereuse émergence de nouveaux instruments financiers

Comme les investisseurs ont pris de bien mauvaises habitudes, c'est ici qu'intervient l'ingénierie financière, autrement dit l'utilisation d'instruments financiers complexes destinés à permettre aux investisseurs de

---

6 Quantité de monnaie disponible créée par la banque centrale, constituée des billets et pièces en circulation ainsi que des comptes de réserves des banques auprès de la banque centrale, il s'agit de la liquidité mondiale.

Les instruments financiers complexes

- Les *hedge funds* (« fonds de couverture » en bon français, également qualifiés de « fonds de gestion alternative ») sont des fonds d'investissement de capitaux qui entendent gagner (et faire gagner à leurs clients investisseurs) de l'argent par la vente d'actifs financiers (actions, obligations, monnaies...) à des investisseurs, grâce à des anticipations astucieuses sur la performance d'une entreprise, sur l'évolution de telle ou telle variable macroéconomique, ou encore les « anomalies de marché ». Ces « anomalies » désignent des actifs financiers anormalement peu chers par rapport à d'autres équivalents, pour diverses raisons : taux d'intérêt obligataires à certaines échéances anormalement bas ou élevés, actifs d'entreprises analogues mal évalués, ou baisse excessive et injustifiée des valeurs d'actifs d'entreprises en difficulté...

  Point commun des *hedge funds* : ils utilisent le « levier d'endettement ». Ils s'endettent à court terme pour mieux démultiplier le rendement des stratégies qu'ils mettent en place pour les investisseurs qui leur ont fait confiance. En principe, leur performance est indépendante de celle des marchés (des évolutions des cours boursiers et des taux d'intérêt), mais, en pratique, c'est loin d'être le cas.

  Les *CDOs* (pour *collaterized debt obligations*) sont des fonds investis dans des obligations émises par les entreprises (ou, lorsqu'il s'agit de « CDOs synthétiques », dans les produits dérivés – « *swaps* de crédit » – liés aux obligations des entreprises). Le principe de tels produits est d'offrir plusieurs tranches de risque différentes : les tranches AAA (ou senior) sont normalement sans risque (leur valeur n'est pas affectée si une ou plusieurs entreprises dont les obligations ont été achetées par le fonds font défaut) ; les tranches dites

« mezzanine » présentent un niveau de risque intermédiaire, normalement plutôt faible ; les tranches « equity », en revanche, sont immédiatement affectées si une entreprise fait défaut. Les investisseurs peuvent donc choisir leur niveau de risque, avec l'intérêt que les tranches AAA ainsi constituées (sans risque en théorie) offrent des rendements plus élevés que les titres simples sans risque (emprunts d'État, par exemple).

Les *produits structurés* sont de nature diverse. Leur principe : offrir un rendement élevé à un investisseur, sauf si un certain événement se produit. Pour recevoir ce rendement élevé, l'investisseur fait le pari que cet événement ne va pas se produire. La banque d'investissement peut payer un tel rendement, puisque par ailleurs elle vendra une assurance (optionnelle) contre l'apparition de l'événement censé stopper le paiement du rendement élevé à l'investisseur. Il existe, par exemple, des produits structurés qui paient un rendement élevé tant qu'un écart de taux d'intérêt reste au-delà d'un certain seuil, tant qu'un taux de change ou un cours boursier reste au-dessus ou au-dessous d'un certain seuil.

Les *actifs illiquides* sont des actifs qui ne peuvent être revendus qu'à long terme, ou à court terme avec une décote considérable. L'investisseur reçoit alors naturellement, en plus du rendement normal, une prime d'illiquidité. Exemple de ce type d'investissement : le *private equity* (capital-risque), c'est-à-dire des fonds investis normalement dans le capital de petites entreprises mais qui, de plus en plus, investissent dans les grandes entreprises qui sortent de la cote ; les fonds immobiliers non cotés (investis en immobilier résidentiel, commercial, industriel...). ■

trouver (au moins en apparence) des rendements élevés, supérieurs aux rendements des actifs financiers que nous appellerons « traditionnels ». Au cours des dernières années, un certain nombre d'instruments financiers et de structures d'investissement sophistiqués ont ainsi connu un développement sans précédent. C'est le cas, par exemple (voir encadré), des *hedge funds*, « produits structurés » et autres CDOs (*collaterized debt obligations*), sans oublier ce que l'on appelle les « actifs illiquides » – c'est-à-dire des actifs qui ne peuvent être revendus qu'à long terme ; ou à court terme, mais avec une décote considérable.

La chasse au rendement débouche en effet sur une très forte croissance de ces véhicules d'investissement. Avec plus de 1 000 milliards de dollars d'encours gérés et entre le tiers et la moitié, selon les jours, des transactions à Londres et à New York, les *hedge funds* constituent désormais une source de liquidités importante pour les marchés financiers. Mais ils exercent aussi une influence non négligeable sur les marchés et sur la santé des banques avec lesquelles ils sont en affaires. De même, les CDO, encore confidentiels il n'y a pas si longtemps, se sont banalisés au point de peser quelque 265 milliards en 2004. Enfin, le marché du *private equity* (le capital-risque) est en plein boom et représentait en 2004 environ 100 milliards de dollars sur ses deux principaux marchés, les États-Unis et l'Europe. Or le développement de ces instruments financiers complexes ne va pas sans risques, lesquels sont liés à la nature des différentes méthodes utilisées.

Dans le cas de l'exploitation d'« anomalies de marché », il n'y a pas de risque systémique ou de type catastrophique. Au contraire, les fonds qui arbitrent ces anomalies améliorent l'efficience des marchés financiers. Mais il y a néanmoins un risque de taille : si de nombreux fonds exploitent simultanément les anomalies de marché, celles-ci vont logiquement disparaître et les rendements qui leur sont associés aussi. D'un certain point de vue, c'est peut-être tout simplement la croissance ultrarapide de l'industrie des *hedge funds* (ils pesaient seulement 210 milliards de dollars en 1995) qui explique la décroissance tendancielle de leur rendement. Après avoir affiché une performance annuelle supérieure à 20 % entre 1995 et 1999 (à l'exception notable de 1998), celle-ci a été inférieure à 5 % dans les trois premières années du siècle, avant de se ressaisir en 2003 (15,4 %) et, dans une moindre mesure, en 2004 (9,6 %), mais de replonger en 2005. Les mauvaises performances réalisées par les *hedge funds* s'expliquent par des raisons à la fois conjoncturelles et structurelles : face à l'arrivée massive de fonds, on ne peut qu'observer une dilution des rendements. Les fonds ont perdu la main, dit-on, mais il est à craindre que cette déconvenue ne pousse les gestionnaires à prendre encore davantage de risques.

Dans le cas d'un rendement élevé obtenu par la prise de risque (paris sur l'évolution de telle ou telle variable macroéconomique ou de tel ou tel marché financier ou sur la situation financière de telle ou telle entreprise...), consciente (c'est normalement le cas avec les produits structurés) ou... inconsciente pour l'investisseur final [7], le danger est évidemment que le risque pris se

7 Il peut s'agir, par exemple, d'une prise de risque à l'intérieur d'un *hedge fund* de type macroéconomique, qu'on appelle « global macro », ou de

concrétise. Dans ce domaine, le souvenir de la faillite en 1998 du fonds LTCM (Long Term Capital Management) a laissé des traces. Celle-ci, provoquée par la crise des pays émergents et de la Russie (défaut sur les titres du Trésor russe), déboucha sur une violente augmentation de tous les « *spreads* de taux[8] ». Autrement dit, sur un renchérissement brutal du coût de l'argent. Pour éponger ses pertes sur les emprunts russes, LTCM avait dû liquider ses autres placements en catastrophe, faisant ainsi plonger les marchés. Redoutant que les positions prises par ce fonds ne déstabilisent la finance mondiale, la Réserve fédérale américaine (FED) était alors intervenue pour le sauver et avait obligé les banques à remettre au pot plusieurs milliards de dollars.

Un tel scénario peut-il se reproduire ? La question a retrouvé une certaine actualité au printemps 2005 – très précisément le 5 mai –, lorsque les obligations émises par Ford et General Motors (pour une dette de 211 milliards de dollars en tout) ont été brutalement classées au rang d'« investissement spéculatif[9] » par les agences de notation (qui évaluent en permanence la solvabilité des entreprises) en raison des médiocres perspectives

---

la mise en portefeuille, pour la construction d'un CDO, de titres d'une entreprise présumée en bonne santé financière mais qui ne l'était pas tant que cela…

8 Le *spread* exprime un écart de taux d'intérêt. Il peut s'agir d'un écart entre les taux de deux emprunts à échéances (maturités) différentes (« *spread* de taux »), d'un *spread* entre deux emprunts équivalents de même maturité de deux pays (« *spread* pays ») ou du *spread* d'un emprunt émis par une entreprise par rapport à l'emprunt de même maturité émis par l'État (« *spread* de signature »).

9 Se dit des obligations à haut risque et à haut rendement (en général, 3 % à 4 % au-dessus des obligations classiques).

d'activité des deux constructeurs automobiles américains. Les deux groupes ont immédiatement vu leurs *spreads* de crédit (écarts de taux d'intérêt) exploser [10], alors que les deux constructeurs comptent parmi les émetteurs les plus importants du marché obligataire privé en terme d'encours et que leurs titres représentaient une part significative de l'actif de nombreux fonds (CDO). Immédiatement, une rumeur laissait entendre qu'un fonds de gestion spéculative (un *hedge fund*) était au bord de la faillite. Et plusieurs noms se mettaient à circuler... Les milieux d'affaires commençaient à redouter que ce fonds soit amené à liquider en catastrophe d'autres actifs pour éponger ses pertes, ce qui pouvait faire plonger les marchés financiers. Car, très vite, la spirale infernale pouvait s'enclencher, alimentée par des désengagements massifs et simultanés de la part de gérants de fonds soumis, directement ou à travers leurs indices de référence, à des contraintes en termes de notation minimum...

L'épisode Ford/General Motors fait l'effet d'une petite lumière rouge qui commencerait à clignoter avec insistance. Le vrai danger pour les investisseurs apparaît en effet lorsque les *hedge funds* deviennent des boîtes noires, lorsqu'il est difficile de connaître la composition d'un portefeuille et encore plus de le valoriser avec précision.

---

10 Entre janvier 2004 et avril 2005, le *spread* de crédit sur Ford a bondi de quelque 700 points de base et celui de General Motors de plus de 500. Le « *spread* de crédit » est défini comme l'écart entre les rendements des titres obligataires respectivement émis par un emprunteur privé, de quelque qualité qu'il soit, et par un emprunteur public supposé sans risque de défaut. C'est une mesure du risque de crédit assimilé à un risque de défaut, autrement dit de défaillance partielle ou totale de la société émettrice.

Surtout depuis que ces fonds spéculatifs investissent en masse dans des actifs de plus en plus complexes, tels les « dérivés de crédit [11] », la grande « trouvaille » de la fin des années 1990. Or, cette profession est très hétérogène, comprenant aussi bien des fonds gérés de manière extrêmement rigoureuse que d'autres gérés de façon totalement fantaisiste. La difficulté pour les investisseurs est donc en permanence de faire le tri entre le bon grain et l'ivraie. S'ils ne veulent pas disparaître, les *hedge funds* devront d'ailleurs accomplir de grands efforts de transparence et ne pas promettre plus de liquidités qu'ils ne peuvent raisonnablement en offrir.

Par ailleurs, compte tenu de l'opacité ambiante, rien n'assure que ces risques ne sont pas finalement concentrés entre les mains d'investisseurs qui auraient fait les mêmes paris. L'hypothèse n'a rien d'extravagant dans un monde de la finance où le mimétisme est la valeur la mieux partagée. De quoi s'inquiéter lorsque l'on sait que les fonds spéculatifs utilisent de plus en plus le levier de l'endettement – on va y revenir – et entraînent de plus en plus les banques, elles aussi en quête de ROE ébouriffants, dans leurs aventures, tandis que les investisseurs institutionnels, fonds de pension et autres assureurs, leur confient des montants à gérer de plus en plus importants.

Le sujet mobilise d'ailleurs aujourd'hui les plus beaux esprits de la finance : et si, loin de stabiliser le système financier, ces marchés de dérivés faisaient plutôt l'effet

---

11 Un « dérivé de crédit » est un produit financier qui permet à son acheteur d'être compensé en cas de défaut ou de dégradation de la qualité de la signature d'un émetteur d'obligations (entreprises ou pays émergents).

d'une bombe à retardement, compte tenu de leur opacité et de leur complexité ? Signe des temps : en août 2005, le groupe de banquiers d'investissement Counterparty Risk Management Policy Group II (CRMPG), animé par Gerald Corrigan, le directeur général de la banque Goldman Sachs, et qui réunit des représentants de la plupart des grandes institutions financières privées mondiales, a publié un rapport pour demander que l'on s'attaque au problème « urgent » des dérivés de crédit et autres instruments complexes. Le groupe a formulé quarante-sept recommandations, parmi lesquelles celle d'organiser un meilleur encadrement du rôle des *hedge funds* sur les marchés... Si les grands banquiers d'investissement eux-mêmes commencent à prendre peur...

Les risques liés au levier de l'endettement

Enfin, lorsque les fonds utilisent le levier de l'endettement (la dette à court terme) ou l'illiquidité des actifs mis en portefeuille (possibilité de garder longtemps en portefeuille certains actifs et de les vendre au moment opportun) pour doper les rendements, le risque peut évidemment venir aussi de la crise de liquidités. Celle-ci avait d'ailleurs aussi fait partie des éléments constitutifs de la déconfiture de LTCM : les pertes à l'actif enregistrées par le fonds plaçaient celui-ci dans l'incapacité de rembourser les banques qui lui avaient consenti des lignes de crédit à court terme, ce qui menaçait de provoquer une crise de liquidité globale à partir des pertes que ces institutions financières auraient à leur tour réalisées. C'est la raison pour laquelle la Réserve fédérale était intervenue en organisant effectivement le refinancement de LTCM, mais en augmentant aussi fortement la liquidité globale du système, comme le montre l'évolution de la base monétaire (la liquidité créée par la banque centrale) aux États-Unis sur cette période. Il est vrai que dans la période récente les banques sont devenues normalement prudentes en suivant au jour le jour la valeur des fonds auxquels elles accordent des lignes de crédit.

La tournure que prennent les événements dans le secteur en plein boom des LBO [12] n'est pas plus rassurante. L'abondance de liquidités pousse en effet la dette (le « levier » de ces opérations) et les prix à la hausse. L'argent coule à flots dans ce secteur où la création de fonds se multiplie. C'est même pour les grands dirigeants en rupture de présidence le recyclage actuellement le plus « tendance ». Après d'autres, au printemps 2005, Serge Weinberg, ancien patron de Pinault-Printemps-Redoute, a levé en quelques mois 380 millions d'euros avec son fonds Weinberg Capital Partners. Dans ce secteur très spécifique, le système semble également s'emballer : levées de fonds très abondantes, structures de financement de plus en plus sophistiquées, là encore à base notamment de fonds CDO, augmentation des niveaux de dette, recapitalisation accélérée (après un LBO, on réendette rapidement la société afin de reprendre un effet de levier), explosion des prix sur un marché déjà très concurrentiel...

12 Un LBO (*leveraged buyout*) est le rachat des actions d'une entreprise financé par une très large part d'endettement. Concrètement, un holding est constitué qui s'endette pour racheter la cible. Il paiera les intérêts de la dette et la remboursera grâce aux dividendes provenant de la société rachetée.

Dans le courant de l'été 2005, les sociétés d'investissement Eurazeo et Carlyle, qui avaient acheté moins de deux ans plus tôt le fabricant français de tuiles et de briques Terreal à Saint-Gobain pour 470 millions d'euros, l'ont revendu à un troisième acteur financier, LBO France, sur la base d'une valeur de 860 millions d'euros, soit près du double de la valeur estimée lors de la cession par Saint-Gobain ! Là aussi, l'argent apparemment facile grise un peu les esprits : les dirigeants de ces fonds LBO ne cachent pas qu'ils « font » actuellement énormément d'argent sur leurs opérations.

On l'a dit, l'engouement pour les instruments financiers hypersophistiqués ou pour les opérations financières à fort effet de levier, avec si possible envolée des prix à la clé, tient en grande partie à la faiblesse persistante des taux d'intérêt, faiblesse qui n'est guère en phase avec l'appétit d'investisseurs affamés de rendement. Or, inutile d'être grand clerc pour imaginer que la situation actuelle recèle un certain nombre de dangers : la remontée amorcée par la Réserve fédérale des taux d'intérêt à court terme [13] va rendre beaucoup plus coûteux le « levier » d'endettement pris par de nombreux fonds, réduire fortement leur rentabilité et inciter les investisseurs à vendre leurs parts... Or, lorsque les actifs de certains *hedge funds*, mais aussi des *private equities* ou de fonds immobiliers non cotés sont illiquides, de telles cessions provoquent des ventes forcées, prématurées,

---

13 Le 9 août 2005, la Réserve fédérale a relevé, pour la dixième fois d'affilée, le loyer de l'argent aux États-Unis d'un quart de point. Son principal taux directeur, le « taux des fonds fédéraux », est donc passé de 3,25 % à 3,5 % et le marché s'attend à ce que le loyer de l'argent aux États-Unis atteigne au moins 4 % à la fin 2005.

d'actifs à long terme, ce qui peut déclencher un effondrement des prix. Avec le risque que les rendements élevés attendus se transforment alors en rendements élevés... en négatif.

Autant de raisons pour envisager le scénario catastrophe : un durcissement général des politiques monétaires – qui interviendra bien un jour ou l'autre, compte tenu de l'importance de la base monétaire mondiale – rendrait coûteuses les ressources liquides (dettes à court terme), pèserait sur le rendement de tous les investissements utilisant l'endettement et pousserait les investisseurs à des ventes « paniques », qui provoqueraient immanquablement un effondrement du prix des actifs. De même, quelques gros « défauts » non anticipés de grandes entreprises provoqueraient des pertes sur des tranches d'investissement (de CDO, par exemple) jugées jusqu'alors sans risque, poussant *hedge funds* et investisseurs finaux à vendre précipitamment, et suscitant du même coup un effondrement du prix des obligations privées.

Conclusion : le recours à certains actifs financiers complexes est parfaitement légitime, notamment lorsqu'il s'agit d'exploiter les anomalies, les absences d'arbitrage des marchés financiers ou lorsque les investisseurs prennent sciemment un risque mesuré pour accroître le rendement de leurs actifs en portefeuille ; en revanche, un recours excessif à l'endettement dans les périodes de taux d'intérêt bas ou une prise de risque à un horizon trop lointain pour que celui-ci puisse être maîtrisé peuvent se révéler extrêmement dangereux. Qui peut dire ce que seront la solvabilité de telle ou telle entreprise, les taux d'intérêt ou les taux de change dans dix ou vingt ans ? Certains investisseurs sont pourtant prêts à prendre ces risques différés et pratiquement incontrôlables pour obtenir des rendements élevés à court terme.

Si l'épargne mondiale (que le FMI estimait à environ 11 000 milliards de dollars en 2005) était investie à bon escient, la planète économie serait peut-être à l'aube d'une nouvelle ère de création de richesses. Mais les signes sont de plus en plus nombreux que l'abondance d'argent frais encourage des comportements qui peuvent se révéler dangereux pour l'économie mondiale. Et quand l'âpreté au gain se double d'un mimétisme à courte vue de la part de ceux qui gèrent cette montagne de milliards, il y a du souci à se faire pour le capitalisme tout entier. Surtout si de tels comportements sont non seulement tolérés, mais *in fine* encouragés par l'actuel système de gouvernance des marchés.

6

Les réglementations entretiennent les dérives de la gestion à court terme

Dans la plupart des pays, la religion du court terme est également encouragée par le régulateur, qui n'a plus la volonté, plus le courage, de différencier les normes et les règles en fonction de l'horizon naturel des uns et des autres. Les institutions qui définissent les règles auxquelles sont soumis investisseurs et banquiers ou qui rédigent les normes comptables (IFRS, IAS...) ont en effet renoncé à discriminer entre les placements, entre les intermédiaires financiers en fonction de ce qui devrait être l'horizon naturel de chacun. Elles ont élaboré et continuent d'élaborer des règles prudentielles, des normes qui s'appliquent uniformément à tous les acteurs du marché.

Des règles financières qui pénalisent les investissements à long terme

Pourtant, les investisseurs travaillent sur des horizons très différents : court terme pour les *hedge funds*, les fonds d'investissement (*mutual funds* et Sicav, qui à tout instant doivent pouvoir faire face à des retraits et ont donc un besoin potentiel permanent de liquidité) ; moyen terme pour les compagnies d'assurance ; long terme voire très long terme (vingt, trente ou quarante ans) pour les fonds de pension. Il serait donc normal que l'arsenal réglementaire qui encadre leur activité tienne compte de la structure de leur bilan, du risque de variabilité de leur actif net (de leurs fonds propres) et de la couverture de leurs engagements.

De la même manière, la réglementation devrait tenir compte de l'horizon naturel de l'investisseur dans l'exercice de son métier. Un investisseur à court terme exposé à un risque continu de liquidité devra avoir essentiellement des actifs liquides en portefeuille, des actifs présentant peu de risques en capital étant donné qu'il peut avoir à les vendre à tout instant. Un investisseur à moyen terme (sept à dix ans) peut, lui, y introduire une dose d'actions, sachant qu'il devra toutefois rester essentiellement investi en obligations de bonne maturité. Quant à l'investisseur à très long terme, il peut investir largement en actions.

Les actions peuvent en effet être exposées à une forte volatilité (variabilité) à court terme. Pour les investisseurs dont l'horizon naturel est relativement court, le danger est donc de ne pas pouvoir choisir la date de vente des actions détenues en portefeuille, s'exposant ainsi à des pertes en capital (ce qui est arrivé à ceux qui ont été contraints de vendre en avril 2000, au lendemain de l'éclatement de la bulle Internet). En revanche, puisqu'il a une durée de vie très longue, un fonds de pension pourra gérer avec beaucoup plus de souplesse la date de cession des actions qu'il détient – son risque action est donc très faible – et même utilement investir en Bourse pour doper le rendement de ses actifs.

Or, la tendance est plutôt à traiter tous les investisseurs de la même manière, que ceux-ci aient trois jours ou trente ans d'horizon devant eux. Et cette « manière » est plutôt adossée sur les trois jours que sur les trente ans... Ainsi le régulateur a-t-il tendance à traiter les fonds de pension comme des investisseurs à horizon court, en négligeant le fait que, pour eux, la détention d'actions est peu risquée. Il suffit pour s'en convaincre de regarder la nouvelle réglementation en discussion aux Pays-Bas en 2005. Pour dire les choses simplement, celle-ci tend à imposer que la valeur de marché de l'actif des fonds de pension excède la valeur de marché de leur passif (autrement dit, de leurs engagements de retraite), et ce même si les cours boursiers se mettaient à chuter brutalement. C'est une incitation à ce que les fonds de pension détiennent essentiellement des obligations sans risque de maturité longue.

Cette évolution de la réglementation nous paraît pour le moins inadaptée et contre-productive, puisqu'elle revient à décourager la détention d'actifs longs ou risqués par les acteurs dont la vocation est d'investir à très long terme, compromettant du même coup le financement à long terme des entreprises et réduisant pour finir le rendement de l'épargne, donc la générosité des régimes de retraite.

Ce ne serait pas la première fois qu'une réglementation de ce type viendrait chambouler la structure de portefeuille des investisseurs au profit d'actifs moins risqués et de durée de vie plus courte. Le mouvement s'est amorcé dès la fin des années 1990 au Royaume-Uni avec, en quelques années, une traduction très nette dans la ventilation des actifs détenus : les actions sont passées de plus de 60 % de l'actif total des sociétés d'assurance et fonds de pension à un peu plus de 40 % aujourd'hui ; un glissement plutôt brutal, qui s'est fait au profit du marché des obligations du secteur privé. Amorcé aussi aux États-Unis et en Europe continentale, le mouvement pourrait donc s'amplifier.

La question de savoir qui porte le risque financier à long terme n'est évidemment pas étrangère à cette tentation exprimée par le régulateur d'empêcher les fonds de pension de détenir des actifs risqués. Une réglementation qui conduit à traiter tous les investisseurs comme n'ayant qu'un horizon de court terme signifie clairement que ceux-ci sont fortement incités à abandonner l'analyse à long terme des projets d'investissement. Avec un résultat qui peut être inverse à celui recherché : pour se prémunir du risque en réalité hypothétique lié à la détention d'actions sur le long terme, on encourage la détention d'actifs en vérité plus risqués. En effet, les investisseurs à long terme devraient normalement se défier des entreprises présentant une rentabilité très élevée de leurs fonds propres à court terme, dans la mesure où cela implique, comme on l'a vu, qu'elles ont caché des risques « catastrophiques » susceptibles de se réaliser plus tard. Mais si ces investisseurs sont découragés d'investir dans des actifs à long terme (actions) et encouragés à privilégier les actifs à plus court terme (éventuellement porteurs de risques cachés), alors la surveillance du risque entreprise n'est simplement plus indispensable. Avec tous les risques de dégâts collatéraux que l'on imagine.

Dans les pays d'Europe continentale où les fonds de pension sont florissants (Pays-Bas, Suède, Finlande...), ces fonds sont, pour l'essentiel, « à prestations définies », c'est-à-dire qu'ils s'engagent à verser le moment venu un niveau de retraite prévu à l'avance (*defined benefits* aux États-Unis). Dans ce cas de figure, le risque financier est porté par l'investisseur institutionnel, ce qui explique que le régulateur soit tenté de tout faire pour le dissuader de détenir des actifs risqués. Surtout depuis que l'on a observé les problèmes énormes rencontrés par les fonds de pension à prestations définies des entreprises américaines après l'explosion de la bulle...

Avec la baisse des cours intervenue après l'explosion de la bulle Internet (– 40 % entre le sommet de la bulle en mars 2000 et février 2003), des sous-capitalisations importantes sont apparues dans ces fonds. Notamment dans les secteurs en difficulté comme l'automobile ou le transport aérien. Le 10 mai 2005, un juge des faillites de Chicago a même carrément autorisé United Airlines à cesser de payer les retraites de ses 120 000 anciens salariés. Il s'agit de la plus importante défaillance jamais observée aux États-Unis d'un fonds de retraite privé. Lorsqu'il y a défaillance d'un fonds privé, le Pension Benefit Guaranty Corps (PBGC), un organisme public créé en 1974, se substitue aux entreprises si celles-ci sont insolvables. En 2004, il a ainsi repris à sa charge cent quatre-vingt-douze fonds de pension et assure le paiement des retraites de plus d'un million de personnes, dont les anciens salariés de firmes comme Panam, TWA, United Airlines, Eastern Airlines ou Bethleem Steel... Mais cela veut dire que ces défaillances coûtent cher à l'État fédéral. Quant aux entreprises qui ne sont pas dans l'état de United Airlines, elles doivent provisionner pour recapitaliser leurs fonds de pension, après des années de faibles flux de placements nouveaux [1]. Ces provisions pèsent sur leurs résultats économiques et donc sur leurs capacités de financement de leurs projets d'investissement.

Voilà pourquoi, depuis le milieu des années 1990, on assiste outre-Atlantique à un glissement vers des dispositifs de retraites gérés en cotisations définies (*defined contribution*). Cela signifie qu'aux États-Unis on n'a pas besoin comme aux Pays-Bas de réglementer pour freiner la détention d'actions, mais que, progressivement, on a fait en sorte que ce soit les salariés qui portent le risque, ce qui n'est pas forcément la meilleure solution dans la mesure où les investisseurs institutionnels ont bien, par leur taille, la capacité et la vocation à diversifier le risque financier. Tout se passe donc actuellement comme s'il existait seulement deux voies possibles : soit un renforcement de la réglementation qui pousse les investisseurs à horizon long à réduire de fait la part des actions dans leurs portefeuilles ; soit un « portage » du risque retraite par le salarié...

---

1 On estime à quelque 450 milliards de dollars le déficit de financement des fonds aux États-Unis.

Un facteur aggravant : les nouvelles règles comptables

Religion du court terme toujours... Les nouvelles règles comptables mises en place en Europe en 2005 (IFRS, IAS) vont dans le même sens (voir encadré). Elles consistent essentiellement à imposer la valorisation continue au prix du marché des actifs et passifs des entreprises et des intermédiaires financiers. Il ne s'agit pas ici de traiter l'ensemble des effets de l'introduction de ces nouvelles normes comptables ou de la publication trimestrielle des comptes, mais de regarder en quoi celles-ci renforcent encore la dérive court-termiste dont nous parlons.

Avant d'en évoquer les effets, il n'est pas inutile de rappeler brièvement pourquoi et comment l'Europe a été amenée à choisir ces nouvelles normes comptables. L'Europe a longtemps brillé par son absence dans le débat international sur le cadre réglementaire comptable. Les deux textes qui ont accompagné la naissance de la Communauté puis de l'Union européenne sont les quatrième (1978) et septième (1983) directives, qui établissent respectivement les principes de base des comptes annuels des sociétés et de la consolidation. Mais ces textes, en dépit de leur importance, restaient insuffisants car ils se limitaient à des principes généraux. Les régulateurs nationaux pouvaient en particulier continuer à produire des normes nationales, tant que celles-ci respectaient les deux directives, lesquelles étaient parfois très différentes d'un pays à l'autre de l'UE.

Bruxelles voulait toutefois favoriser l'intégration financière européenne en imposant un corpus unique de

Les normes IAS/IFRS

- **L'International Accounting Standards Board.** Le Comité des normes comptables internationales (International Accounting Standards Committee, IASC) a été créé en 1973 par des représentants d'associations de comptables de dix pays. Il avait pour objectif de formuler et publier des normes comptables, acceptables au plan international, et qui facilitent l'harmonisation internationale des pratiques comptables. Mais pendant plus de vingt ans, l'IASC, organisme se situant en dehors des organisations politiques, nationales et internationales, va produire une trentaine de « normes IAS », souvent des compromis autorisant de nombreuses options pour le même problème comptable. En outre, du fait que les membres de l'IASC n'étaient ni des États ni des régulateurs comptables nationaux, ses normes n'étaient obligatoires dans aucun pays.

  C'est en 1995 que l'IASC se verra confier pour la première fois une mission par un organisme international, en l'occurrence l'Organisation internationale des commissions de valeurs (OICV), qui regroupe l'ensemble des commissions nationales surveillant les Bourses de valeurs. Celle-ci lui demande de réviser (principalement en supprimant des options) et de compléter les normes existantes avant fin 2000, afin de permettre leur utilisation dans des opérations internationales. Le véritable enjeu, même s'il n'est pas formalisé comme tel, est de permettre aux sociétés étrangères cotées aux États-Unis et utilisant ces normes IAS mises à jour d'être dispensées de faire un rapprochement entre leurs comptes et les comptes établis selon les normes américaines (US GAAP). Pendant cinq ans, l'IASC va faire un travail considérable de mise à jour, mais l'harmonisation tarde à se concrétiser. Aucune Bourse au monde n'impose l'obligation de publier des comptes aux normes IAS. Quant à la SEC (Securities and

Exchange Commission, la commission des opérations de Bourse américaine), elle n'admet toujours pas que celles-ci soient utilisées sur le marché financier américain par les firmes étrangères sans réconciliation avec les US GAAP.

Finalement, c'est l'Europe qui offrira une nouvelle chance aux normes IAS (entre-temps, en 2001, l'IASC est devenu l'International Accounting Standards Board, IASB, et les normes édictées par l'IASB ont pris le nom de IFRS : *International Financial Reporting Standards*, normes internationales d'information financière). En mai 2001, la Commission européenne décide en effet de choisir les IAS comme référentiel commun pour l'ensemble des pays de l'Union. Le règlement européen du 11 septembre 2002 impose aux sociétés cotées européennes d'utiliser les normes comptables internationales IAS/IFRS pour l'établissement de leurs comptes consolidés au plus tard au 1er janvier 2005. Désormais, l'ensemble des sociétés cotées en Bourse en Europe présente des informations comptables comparables.

La philosophie des IAS/IFRS. Les normes comptables internationales IAS/IFRS introduisent une conception nouvelle de l'information financière, qui constitue un changement d'approche par rapport à la tradition comptable française.

Importance privilégiée de l'information des investisseurs : cette approche conduit notamment les IAS/IFRS à intégrer dans le bilan certains éléments du « hors bilan » actuel (produits dérivés, par exemple) et à renforcer les obligations des entreprises en matière d'information financière.

Prééminence de la réalité économique sur la forme juridique : alors que le droit comptable français s'appuie généralement sur la forme juridique d'une opération financière pour en déterminer l'intégration dans les comptes, les IAS/IFRS privilégient la traduction de la réalité économique sous-jacente. Certains actifs « titrisés » ou logés dans des véhicules *ad hoc* juridiquement séparés de l'entreprise doivent ainsi, selon les cas, être réintégrés au bilan ; de même, les actifs faisant l'objet d'un crédit-bail (donc n'appartenant pas juridiquement à l'entreprise) doivent être retraités comme s'ils avaient été financés par emprunt.

Principe de juste valeur : dans le référentiel IAS/IFRS, le principe de la comptabilisation des éléments du bilan au coût historique (principe sur lequel la comptabilité française se fondait) laisse la place au principe de « juste valeur » (*fair value*). Cette notion est définie par l'IASB comme « le montant auquel un actif peut s'échanger ou un passif être remboursé entre parties informées et consentantes lors d'une transaction effectuée dans des conditions normales de

---

normes comptables. Dès lors, deux options étaient envisageables : adopter l'un des référentiels existants au plan international, IAS/IFRS ou les normes américaines US GAAP (voir encadré) ; ou élaborer un référentiel nouveau. Cette dernière option aurait toutefois isolé l'Europe dans un référentiel spécifique ; quant au choix du référentiel américain, outre qu'il était politiquement difficilement envisageable, il présentait l'inconvénient d'avoir été élaboré pour les firmes américaines et sans aucun apport extérieur aux États-Unis. En outre, il était délicat de rallier purement et simplement des normes qui n'avaient pas pu empêcher les scandales Enron et Worldcom.

Officiellement, l'objectif de l'IASC est donc de bâtir un système international commun de la comptabilité sur la base d'une convergence des systèmes existants. Il faut concurrence ». C'est dans une large mesure la conséquence de la prééminence de l'économique sur le juridique : avec le temps, le coût historique (diminué des amortissements) peut différer sensiblement de la valeur d'usage et/ou de cession d'un bien. L'évaluation des actifs et passifs à leur « juste valeur », c'est-à-dire à leur valeur de marché, est censée offrir une image plus fidèle de la réalité économique d'une entreprise à un moment donné ; celle-ci pouvant dans certains cas être évaluée à partir de modèles économétriques ou de l'actualisation des flux futurs de trésorerie que le bien est susceptible de produire. Tant en raison des difficultés pratiques que parce que ce projet a suscité de vives critiques, ce principe n'est toutefois pas appliqué à tous les actifs et passifs. ■

toutefois noter que la majorité du bureau de l'IASC est issue de l'univers anglo-saxon et que sur deux questions très discutées (l'amortissement du *goodwill* et la prééminence de la *fair value*), l'organisme a finalement suivi le grand frère américain... Et si les dirigeants des entreprises d'Europe continentale (notamment les banques et les compagnies d'assurance) se plaignent désormais des effets absurdes engendrés par ces nouvelles normes (variabilité excessive des résultats, non-prise en compte des opérations liées aux couvertures des risques, valorisation au prix du marché d'actifs que les entreprises conservent à long terme), force est de constater qu'ils ont été peu présents lors de la concertation sur ces normes...

Bien sûr, au départ, les intentions étaient louables : après les excès de la bulle Internet et ce qui s'est ensuivi, nul besoin d'un long discours pour se convaincre de

---

Les normes US GAAP

- Aux États-Unis, la « doctrine » comptable est restée pratiquement sans réglementation jusqu'en 1930. Une doctrine laxiste, puisque beaucoup de traitements comptables qui nous paraîtraient aujourd'hui scandaleux (réévaluations des actifs incorporels notamment) étaient monnaie courante. Ce laxisme, qui permettait très facilement d'afficher des bénéfices fictifs, fut d'ailleurs identifié par le pouvoir politique comme une des raisons du krach de 1929. C'est alors que fut créée la Security and Exchange Commission (SEC), qui fut chargée par le *Securities Exchange Act* de 1934 à la fois de la réglementation comptable et de la supervision des marchés financiers.

  La SEC a immédiatement délégué ce pouvoir à l'association américaine des comptables (AICPA), qui créa un comité spécialisé (CAP), lequel produisit les premières normes appelées ARB. À la suite de longues et vives critiques à l'égard de l'indépendance de ces instances, en 1973, le pouvoir réglementaire (devenu ARB) est remis dans les mains d'une nouvelle institution, le FASB (Financial Accounting Standards Board), qui ne dépend plus de l'AICPA, et publie des normes appelées FAS. Les deux premiers régulateurs ont publié environ quatre-vingts normes, dont certaines sont encore partiellement en vigueur. Le FASB a publié, à ce jour, principalement un cadre conceptuel et cent cinquante normes. C'est cet ensemble qui constitue les US GAAP (*Generally Accepted Accounting Principles in the United States*).

---

l'urgence d'une profonde remise en cause du mode de gouvernance en général, et du mode de contrôle des comptes des entreprises, en particulier. Et le régulateur s'est convaincu que cela passe notamment par la

Le FASB est composé de sept membres, qui ne peuvent prendre de décision qu'à la majorité de cinq membres. Les membres du Board sont salariés, ayant quitté toutes leurs autres activités professionnelles. Toutes les réunions du Board sont publiques et il existe une procédure minimum pour la publication de toute norme, destinée à assurer la transparence et une efficacité maximale : 1) projet (*exposure draft*) ; 2) période de commentaire de toute partie intéressée ; 3) approbation de la version finale de la norme. Le financement et la désignation des membres du Board sont du ressort d'une fondation, la FAF (Financial Accounting Foundation), qui lui assure une plus grande indépendance.

Une des caractéristiques importantes des US GAAP, liée aux conditions mêmes de leur naissance, est un attachement profond à la valeur historique, comme valeur maximale admissible pour un actif. Enfin, même si le fonctionnement du FASB est destiné à lui assurer une indépendance, cette institution reste sous la coupe de la SEC, qui, légalement, détient toujours le pouvoir de réglementation comptable. À de nombreuses reprises, le FASB a dû modifier, voire inverser totalement ou annuler, certains de ses projets de normes sous la pression politique. Les débats sur la comptabilisation des stock-options, des regroupements d'entreprises et du *goodwill* (la différence entre la valeur globale d'une entreprise à un moment donné et son actif net) en constituent autant d'exemples récents. ■

nécessité de mieux refléter dans les comptes la réalité de la situation économique sous-jacente de l'entreprise. Sur le plan des principes, la notion de « juste valeur » (*fair value*), qui est au cœur du projet IAS/IFRS, ne peut donc qu'être approuvée puisque, dans l'absolu, il paraît économiquement justifié de comptabiliser les actifs et les passifs au plus près de leur valeur réelle plutôt qu'à leur coût historique. Dans cette aventure des nouvelles normes comptables, les mots ont leur importance : qui pourrait contester la nécessité d'une « juste » valeur et d'une « meilleure » information économique et financière prenant mieux en compte les « réalités » du monde « moderne » ?

Toutefois, les difficultés commencent (et les interrogations surgissent) dès lors que l'on comprend que la notion de « juste valeur » est dans la plupart des cas éminemment subjective, donc complexe à calculer, car les entreprises n'évoluent pas dans un monde idéal avec des marchés transparents, liquides et parfaitement efficients... En matière comptable, aussi, l'enfer peut être pavé de bonnes intensions.

D'abord, l'introduction de ces nouvelles normes comptables renforce évidemment la concentration sur les horizons de court terme de l'ensemble des acteurs (entreprises et investisseurs). Les évaluations à la juste valeur des actifs financiers peuvent donner une image plus fidèle de la réalité financière du patrimoine d'un agent économique à un instant donné, mais elles entraînent une volatilité des fonds propres (et parfois des résultats suivant le classement comptable retenu). Dès lors, comment analyser la performance économique de l'entreprise et faire le tri entre ce qui ressort de l'action des dirigeants (performance intrinsèque) et ce qui relève de facteurs exogènes (évolution des marchés) ? Les dirigeants ne risquent-ils pas d'être incités à tenir exagérément compte de l'impact de court terme de leurs décisions au détriment de la mobilisation sur les choix stratégiques de moyen et long terme, pourtant seuls à même d'être créateurs de valeur ?

On avance souvent l'argument selon lequel les marchés étant devenus plus volatils, il est logique que le compte de résultat le soit aussi. La contrepartie est toutefois que les fluctuations de ces résultats seront de plus en plus déterminées par celles des instruments financiers et de moins en moins par la réalité opérationnelle de l'entreprise. La question de la temporalité est au cœur de l'approche par la « juste valeur » : en s'intéressant exclusivement à la valeur instantanée de l'entreprise (une sorte de valeur à la casse, ce qui montre bien qu'elle est adaptée avant tout aux besoins des investisseurs soucieux de connaître à tout moment la valeur de leurs actifs comme de ceux qu'ils sont susceptibles d'acheter), elle pousse les dirigeants à choisir les investissements rentables rapidement de préférence à ceux dont la rentabilité est obtenue plus tardivement ; autrement dit, elle contribue à accroître leur préférence pour le présent et les incite à négliger les effets à plus long terme de leurs décisions.

Dans cette logique d'évaluation, l'entreprise n'est pas perçue comme un tout dans lequel les activités se valorisent les unes les autres, mais comme une simple addition d'activités que l'on pourrait à tout moment découper selon le pointillé. Parce qu'elle ignore le facteur temps, la *fair value* viole le principe fondamental de la continuité de l'entreprise et transforme celle-ci en simple actif financier, avec toutes les implications que l'on imagine sur les décisions des dirigeants [2]. La volonté d'extérioriser à tout moment le taux de rendement des capitaux investis ne peut que susciter des déplacements d'investissements vers les secteurs offrant une rentabilité immédiate au détriment de ceux dont le développement s'inscrit nécessairement dans le long terme.

En outre, l'introduction de ces nouvelles normes ne contribue pas autant qu'on l'a dit parfois à la transparence des comptes des entreprises : soit les comptes sont uniques et les plus ou moins-values en capital sont mêlées aux résultats opérationnels, rendant la performance de l'entreprise dans ses activités normales de production difficile à évaluer ; soit l'entreprise est conduite à publier plusieurs séries de comptes, certains tenant compte de la « juste valeur » des actifs et passifs, d'autres non...

En théorie, là encore, l'intention est louable : fournir au marché des éléments d'appréciation financière en théorie plus « purs ». Mais, en pratique, comment soutenir que les gérants et les analystes financiers pourront plus aisément apprécier la qualité de la stratégie de l'entreprise et surtout ne seront pas confrontés en réalité à d'immenses problèmes d'interprétation liés à la difficulté de valoriser certains actifs (incorporels, non cotés...), et cela quelle que soit la méthode utilisée (modèles économétriques, actualisation des cash flow futurs attendus...).

Enfin, la volatilité accrue des résultats des entreprises ne sera pas sans conséquences économiques. L'entreprise

---

2 Voir à ce sujet Jacques MISTRAL, Christian DE BOISSIEU, Jean-Hervé LORENZI, « Les normes comptables et le monde post-Enron », *Les Rapports du CAE*, n° 42, La Documentation française, Paris, 2003.

devra réagir avec plus de flexibilité encore aux chocs financiers. Et la tentation sera grande de s'en prendre d'abord à l'emploi et à l'investissement ! Désastreux pour la création de valeur, qui est affaire de long terme. Désastreux aussi pour l'économie, car le risque est réel que le principe de *fair value* exerce en pratique des effets procycliques.

Conclusion

Nous venons d'examiner les raisons profondes pour lesquelles les entreprises se voient imposer (ou s'appliquent à elles-mêmes) des exigences de rentabilité très élevée des fonds propres, ce qui les conduit, entre autres, à déformer en leur faveur le partage des revenus. Nous avons vu aussi pourquoi les décisions des investisseurs institutionnels sont dominées par un « court-termisme » qui s'exprime par l'achat et la vente simultanés des mêmes actifs.

L'intermédiation de la gestion de l'épargne a conduit à une bataille entre investisseurs institutionnels pour les parts de marché, d'où les manifestations du « mimétisme rationnel », une similitude des choix d'investissement entre investisseurs visant à éviter, pour chacun d'entre eux, une performance inférieure à la moyenne.

Quant aux nouvelles normes réglementaires (réglementation des fonds de pension par exemple) ou comptables (IFRS, IAS), elles ont raccourci l'horizon de planification à la fois des investisseurs et des entreprises, en poussant les premiers à se comporter tous comme des investisseurs à court terme, les secondes à se concentrer sur l'évolution à court terme de leurs résultats, y compris plus ou moins-values en capital.

Dès lors, on comprend pourquoi les investisseurs institutionnels ont abandonné l'analyse de long terme des entreprises. Quant aux entreprises, les normes comptables et les pratiques de présentation fréquente des résultats conduisant à une forte préférence pour le présent, on comprend aussi qu'il soit devenu « optimal » pour leurs dirigeants de dégager des résultats très élevés à court terme au prix d'une prise de risque forte, qui pourra être dangereuse plus tard, ou du refus d'entreprendre des projets à horizon long.

Ces deux comportements, on l'a dit, suscitent une série d'effets pervers : freinage de la demande de biens, compression inutile des salaires, prise de risques (cachés) excessifs, recherche de rentes d'oligopole, déstabilisation des marchés financiers voire de telle ou telle économie nationale. Nous suggérons qu'il ne suffit pas de corriger partiellement les effets de ces dérives (réglementations, politiques de partage du profit, limitation de la circulation des capitaux...), mais qu'il faut en rechercher (et traiter) les causes profondes.

Il s'agit bien d'une sorte de processus d'autodestruction du capitalisme : le comportement des gérants institutionnels (que nous avons appelé mimétisme rationnel) provoque une très forte variabilité des marchés financiers qui peut décourager la détention d'actifs, déstabiliser les économies des pays (s'il s'agit des marchés des changes, par exemple), ruiner périodiquement les épargnants après les avoir enrichis en apparence. La préférence forte pour le présent, due à une multiplicité de causes (attitude des régulateurs, règles comptables, pratiques de l'analyse financière...) conduit à exiger des rentabilités à court terme très élevées des fonds propres, même si le prix à payer est l'apparition de risques considérables à long terme, l'abandon de projets d'investissement ou de recherche à horizon long, des biais économiques multiples (déformation du partage du revenu, recherche de rentes). Tout cela ne peut que déboucher inexorablement sur une économie de croissance faible (insuffisance de la demande et de l'offre si les investissements à horizon long ne sont pas réalisés, si les salaires sont inutilement comprimés), sur des faillites (si les risques « catastrophiques » cachés se réalisent) et, *in fine*, sur un rejet du capitalisme par les opinions (si la déformation du partage des revenus ne conduit qu'à la distribution de cash aux actionnaires).

La correction de telles dérives est affaire de responsabilité collective. Chaque acteur – marchés financiers, investisseurs, épargnants eux-mêmes – a son rôle à jouer, sans qu'il soit forcément nécessaire de solliciter l'intervention publique.

Une telle évolution n'est pas, en effet, dans l'intérêt des épargnants individuels et des futurs retraités, car le court-termisme et le « mimétisme rationnel » se traduisent par une forte variabilité de la valeur de leur patrimoine. Ils poussent surtout les investisseurs à ne rejeter aucune mauvaise idée, comme les investissements massifs dans les pays émergents et dans les titres des entreprises des nouvelles technologies durant la seconde moitié des années 1990. Le mimétisme rationnel correspond en effet à un comportement « à la Keynes » : mieux vaut avoir tort avec tout le monde que raison tout seul. C'est le même mimétisme rationnel qui pousse sans doute aujourd'hui de nombreux investisseurs à se détourner des actifs financiers traditionnels au profit d'actifs dits « alternatifs » (fonds structurés, capital-risque...). Un jour viendra peut-être où l'épargnant de base voudra contrôler de plus près l'usage de ses fonds, ou bien, comme on l'a suggéré, où se développeront les gestions en « rendement absolu », permettant au gérant de mieux investir en fonction de ses convictions sans se soucier des stratégies des autres.

En outre, l'usage d'un taux d'actualisation très élevé dans les entreprises conduit à ce que soient pris et cachés à court terme des risques majeurs (choix de stratégie d'activité, de recherche, excès d'endettement...) qui pourront se réaliser à moyen terme. L'intérêt des futurs retraités est évidemment que ces risques ne soient pas pris, donc que les investisseurs institutionnels dont l'horizon naturel est long « surveillent » bien les décisions des entreprises, et acceptent des rendements ciblés des fonds propres plus faibles.

Enfin, il est probable que beaucoup de dirigeants préféreraient pouvoir se contenter de rendements des fonds propres compatibles avec la réalisation de projets d'investissement d'horizon long. On peut donc imaginer que tous les acteurs – marchés financiers, épargnants, dirigeants – décident spontanément de réagir pour corriger les biais de comportement décrits plus haut..

Enfin, que devrait faire l'État s'il devait intervenir ? Au-delà des tentatives d'amélioration des nouvelles normes comptables (ce qui se fait au niveau de la Commission européenne), ce qui précède montre que la ligne directrice de l'action publique dans ce domaine doit être le combat pour que soit respecté l'horizon temporel naturel de chaque type d'investisseur. Cela concerne la fréquence de publication et d'analyse de la performance et la nature des règles prudentielles. Il faut cesser de comparer le rendement des fonds de pension à la même périodicité que celui des Sicav. Il faut cesser d'imposer aux fonds de pension des règles de structure d'actif adaptées aux contraintes des investisseurs à horizon court et contraints à garantir une liquidité constante.

Encore une fois, notre propos ici n'est pas de condamner le capitalisme, mais de démontrer qu'en compromettant le niveau de croissance et de rentabilité du capital à long terme, les dérives actuelles le conduiraient dans une impasse, avec les dégâts politiques et sociaux que l'on imagine. Ce qui renvoie d'abord à la responsabilité de chacun des acteurs.

Table

DES ENCADRÉS

Qui supporte le poids des crises ? 36

Participation, intéressement, plan d'épargne entreprise 60

*Comment fonctionne l'*Earned Income Tax Credit *(EITC) aux États-Unis ?* 62

La mesure de la profitabilité par le ratio ROE 74

Les principales mesures de la loi Sarbanes-Oxley 82

Les instruments financiers complexes 102

Les normes IAS/IFRS 122

Les normes US GAAP 126

Table

Introduction 5

1. La mondialisation, une usine à profits 11
La caissière et le P-DG, ou le capitalisme qui marche sur la tête 12
Plus la croissance est molle, plus les profits explosent 17
L'impact des délocalisations 20
La pression à la baisse sur les salaires est contagieuse 23
Une déformation durable du partage profits/salaires 27

2. Dans le piège à croissance faible 31
Royaume-Uni, Suède, Espagne : les contre-exemples au cercle vicieux des faibles salaires 32
Les salariés privés des gains de productivité 38
Un capitalisme sans projet est condamné à s'autodétruire 43

3. Augmenter le pouvoir d'achat, c'est nécessaire, mais insuffisant 51
Un nouveau « Grenelle des salaires » ? 52
Intérêt et limites des mécanismes d'intéressement et de participation 58
Pour un impôt négatif à la française 61
Déverrouiller la concurrence pour faire baisser les prix 65

4. Les risques cachés de la course aux profits 71
Le mythe des 15 % de rentabilité, ou la dictature du ROE 72
Des niveaux de rendement des fonds propres qui impliquent des risques cachés 76
Scandales financiers et P-DG éjectables 79

5. La quête désespérée du rendement 87
Le « mimétisme rationnel » des investisseurs 87
Les ravages du mimétisme : le cas de la crise asiatique de 1997-1998 94
Des banques centrales irresponsables 98
La dangereuse émergence de nouveaux instruments financiers 101
Les risques liés au levier de l'endettement 109

6. Les réglementations entretiennent les dérives de la gestion à court terme 115
Des règles financières qui pénalisent les investissements à long terme 116
Un facteur aggravant : les nouvelles règles comptables 121

Conclusion 133

Table des encadrés 139

BUSSIÈRE

GROUPE CPI

Composition Facompo, Lisieux
Impression réalisée par Bussière
à Saint-Amand-Montrond (Cher).
Dépôt légal du 1er tirage : octobre 2005.
Suite du 1er tirage (3) : novembre 2005.
N° d'impression : 054365/1.
Imprimé en France